百味人生 2

BAIWEI RENSHENG

主编 刘颖异

亲爱的同学，当你打开这本书时，你就开启了一段惬意的旅程。从相遇、相知，到相伴前行，淡淡的书香将一直萦绕在你身边。

在初中语文教材里，你会读到许多名篇佳作，你将会沉浸在充满智慧、有温度的文字世界中，语文素养自然会得到提升。面对神秘奇幻的自然、日新月异的世界、渐趋丰盈的人生，每册教材中的二十几篇课文，恐怕很难再满足你的阅读需求，你的阅读理应更广泛、更自由、更专业。如何让课内外读物有机融合成滋养你成长的沃土？如何让点滴的阅读收获汇聚成助推你遨游书海的动力？我们汇聚全国各地的名师，在研读教材的基础上精选文章，设计帮你实现高效阅读、自主学习的平台和支架……

于是，便有了摆在你面前的这本书。

这本书分为经典诵读、单元学习、整本书阅读三个板块。

第一个板块是“经典诵读”，所选古诗词历久弥新。针对诗词中可能会给你造成阅读障碍的生字难词，我们加注了读音和注释，且辅以专业诵读音频供你赏听以及鉴赏资料供你查阅。希望你能利用每天的晨读或其他课余时间反复诵读，持之以恒，假以时日，定能厚积薄发。

第二个板块是“单元学习”，我们精心挑选了一组与课文主题相关的文章，组合成一个阅读单元，让你在学习课文的基础上拓展阅读更多佳作；针对教材中的每个写作主题，我们也选取了相应的文章（含片段）组成单元，为你的写作指引方向或触发灵感。其中“范文阅读”“组文阅读”“自由阅读”和“类文阅读”四个小标签可提示你采用不同的方式进行阅读。选文之外还附有单元导语、旁批、学习提示、单元学习任务等助读工具，为你的自主阅读提供助力。

带有“范文阅读”标签的文章最贴近教读课文的学习要点，你可以在学过教读课文后，参看这些范文中的旁批和文后的学习提示进行阅读，习得课内所学。

带有“组文阅读”标签的文章都与教读课文主题相关，帮助你在多篇文章的比较阅读中拓宽视野、发展思维、形成能力。阅读时，你可以参看文后的单元学习任务，运用阅读所得解决实际问题，提升语言文字的实际运用能力。

带有“自由阅读”标签的文章与自读课文相关联，你可以根据自己的需要、兴趣自主选择阅读，多读、少读、深读、浅读皆可，如能养成边读边做批注的习惯，你会邂逅更多精彩与惊喜。

带有“类文阅读”标签的是一组与单元写作要求相匹配的文章。这组文章的首篇附有旁批，配合单元写作重点为你的写作实践提供技巧点拨。

第三个板块是“整本书阅读”，推荐书目多为《义务教育语文课程标准（2011版）》中建议初中生阅读的名著。我们设计了“阅读导航”“精彩选篇”“阅读规划”“交流平台”等助读工具，若能激发你的阅读兴趣，为你提供科学的方法指导，助你养成主动阅读整本书的习惯，我们将由衷地感到欣慰。

愿这本书能陪伴着你在阅读的黄金时期，与经典交流，与大师对话，帮助你积累知识，开阔视野，丰富心灵，培育精神，做睿智、优雅的人！

顾之川

经典诵读

第一单元　感念父母

范文阅读

组文阅读

第二单元 温馨亲情

范文阅读

组文阅读

第三单元　诗情爱意

自由阅读

第四单元　聪慧少年

范文阅读

组文阅读

第五单元　学会记事

类文阅读

整本书阅读

在经典中浸润，在诗海中徜徉，让心灵开始一次雅韵悠长的旅程。从《诗经》到宋词，从田园到边塞，从婉约到豪放，从现实主义到浪漫主义……那些作品，或率真质朴，或清幽缠绵，或慷慨刚健，或隽永蕴藉，寄托了中华儿女的家国情怀，传承着博大精深的中华文明。

有了诗词的濡染，我们的学习自当渐入佳境；有了经典的浸润，我们的生活定会异彩纷呈。

扫码收听朗诵音频

1. 出其东门

⊙《诗经·郑风》

出其东门，有女如云。虽则如云，匪①我思存②。缟③衣綦巾④，聊⑤乐我员。

出其闉阇⑥，有女如荼⑦。虽则如荼，匪我思且。缟衣茹藘⑧，聊可与娱。

本诗是一位男子向意中人倾诉衷情的诗。男子面对如云的美女都不动心，只等着他的心上人，对爱情忠贞不贰的品格值得赞赏。本诗采用反衬手法：对“如云”“如荼”美女的赞叹，其实都只是为了反衬“缟衣綦巾”“缟衣茹藘”的心上人。

---

① 匪：通“非”，不是。

② 思存：思念。与下面的“思且（cú）”意同。

③ 缟（gǎo）：白色。

④ 綦（qí）巾：青灰色的佩巾。綦，青灰色。

⑤ 聊：尚且。

⑥ 闉阇（yīn dū）：城门外的护门小城，即瓮城。

⑦ 荼（tú）：白茅花。这里是说女子众多。

⑧ 茹藘（rú lú）：指染成绛色的佩巾。

扫码收听朗诵音频

2. 生年不满百

⊙《古诗十九首》

生年不满百，常怀千岁忧①。
昼短苦夜长，何不秉烛游②！
为乐当及时，何能待来兹③？
愚者爱惜费，但为后世嗤。
仙人王子乔④，难可与等期⑤。

---

① 千岁忧：指对身后之事的种种考虑。

② 秉烛游：指用烛光照明而夜以继日地游玩。

③ 来兹：来年，指未来的岁月。

④ 王子乔：据《列仙传》载，王子乔是周灵王的太子，名晋，好吹笙作凤鸣，后来道人浮丘公把他接引到嵩山上去成了仙。

⑤ 等期：同样的希冀。

这首诗以轻松的旷达之语，给世间的两类追求者，兜头浇了一桶冷水。首先是对吝啬聚财的“惜费”者的嘲讽，它几乎占了全诗的主要篇幅。在作者看来，那些只管苦苦聚敛财货、为子孙后代的生计而忧虑的人，太可笑了：你未必活得了百年，却偏偏要虑及“千岁”，真是愚不可及。因此，作者劝人放情行乐（此乐是指文人雅士寄情山水、把酒言诗、忘却失意不得志的一种积极健康之乐），而且表述得十分直接。诗的最后两句指向了人世的另一类追求：仰慕成仙者。这首以放浪之语抒写“及时行乐”的奇思奇情之作，实际上是以旷达狂放之思来表现人生毫无出路的痛苦。

“中华”的由来

古代的中国亦称华夏，又称中夏。“中”是指中土，中州。西周初年周公营建洛邑，以之为天下中心，故称之为“中土”。夏者，大也。华者，美也。“中国有礼义之大，故称夏；有服章之美，谓之华。”（《春秋左传正义》）由“华夏”“中夏”又衍生出“中华”一词，此词始于《三国志·蜀志》“游步中华”一语。这就是“中华”名称的起源。

扫码收听朗诵音频

3. 望江南

⊙〔五代〕李煜

多少恨，昨夜梦魂中。还似旧时游上苑[①]，车如流水马如龙[②]。花月正春风。

《望江南》这一词调的早期作品多写回忆江南旧游，而此时的李煜已是亡国之君，他借这一词调表达对故国繁华的追念。“昨夜梦魂中”所见之事本是好事，可是作者劈首一句就言其恨，只因梦中情事固然是他所怀念盼望的，但醒后面对的现实却使人悲从中来，倍感凄凉。后面三句对梦境的描写衬托了往日的繁华，包括游玩地点——上苑，游乐盛况——车如流水马如龙，时间——花月正春风，其实这时间也象征着他生活中最美好、最无忧无虑、最春风得意的那段日子。

这首词的妙处在于表面上看它反映了词人对往昔繁华的眷恋，实际上它反映了词人对今日处境凄凉的无限感慨和欲诉而不敢多言的忧伤。梦中景象的繁华反衬出今日身是客的悲凉，一个“恨”字乃全词主旨，这种“正面不写，写反面”的艺术手法值得我们借鉴。

---

① 上苑：皇帝的园林。后泛称帝王游猎、玩赏的园林。

② 车如流水马如龙：车子接连不断像流水一样驰过，马匹络绎不绝像一条龙一样走动。形容车马络绎不绝，十分繁华热闹。

扫码收听朗诵音频

4. 渡汉江[1]

⊙〔唐〕宋之问

岭外[2]音书断，经冬复历[3]春。
近乡情更怯，不敢问来人。

赏析

这首诗是作者于唐中宗神龙二年（706）奉恩旨从泷（shuāng）州（今广东罗定市南）贬所北归，途经汉江时所作。作者远在“岭外”，与家人音信断绝，已“经冬复历春”，时间很久了。因而，越走近家乡，反而越担心，不敢向来人打听消息，唯恐家中发生了什么变故。后两句把因久行在外而一旦归来时的“情更切”而“情更怯”，“急欲问”而“不敢问”的矛盾心理，刻画得细致入微，成为千古名句。

① 汉江：汉水。这里指襄阳附近的一段汉水。

② 岭外：五岭以南，泛指广东、广西一带。

③ 历：经过。

扫码收听朗诵音频

5. 绝句漫兴[①]九首（其五）

⊙〔唐〕杜甫

肠断[②]春江欲尽头[③]，杖藜[④]徐步[⑤]立芳洲[⑥]。
颠狂柳絮随风舞，轻薄桃花逐水流。

赏析

《杜诗详注》中说：“此见春光欲尽，有傲睨（nì）万物之意。‘颠狂’‘轻薄’，是借人比物，亦是托物讽人，盖年老兴阑，不耐春事也。”

这首诗写出了诗人忧国忧民的情感：看见柳絮随风、桃花逐水，便迁怒于它们，认为它们是“颠狂”“轻薄”，一刻都不停止，徒让春光消逝，引起伤心，于写景之中寄托了诗人对黑暗现实的深刻不满和政治理想不能实现的苦闷。

---

① 漫兴：偶然兴感而作。

② 肠断：指忧伤。

③ 欲尽头：欲尽时。“头”犹“时”。

④ 杖藜：手拄藜杖。杖，作动词。藜，以藜茎所做之杖。

⑤ 徐步：缓行。

⑥ 芳洲：长满花草的水中陆地。

扫码收听朗诵音频

6. 元和十年自朗州至京，戏赠看花诸君子

⊙〔唐〕刘禹锡

紫陌[1]红尘拂面来，无人不道[2]看花回。
玄都观里桃千树[3]，尽是刘郎[4]去[5]后栽。

诗歌前两句写一路上草木葱茏，尘土飞扬，衬托出了大道上人马喧阗、川流不息的盛况。写看花，不写去而只写回，并以“无人不道”四字来形容人们看花以后归途中的满足心情和愉快神态，则桃花之繁荣美好，不用直接赞以一词了。它不写花本身之动人，而只写看花的人为花所动，真是又巧妙又简练。后两句是说玄都观里这些如此吸引人的、如此众多的桃花，自己十年前在长安的时候，根本还没有。离开国都十年，后栽的桃树都长大了，并且开花了，因此，回到京城，看到的又是另外一番春色，真是“树犹如此，人何以堪（忍受）”了。

① 陌：本指田间小路，这里借用为道路之意。

② 不道：不谈论。

③ 桃千树：形容桃树之多。

④ 刘郎：作者自指。

⑤ 去：离开（长安），暗指自己被贬官一事。

扫码收听朗诵音频

7. 春游湖[1]

⊙〔宋〕徐俯

双飞燕子几时回？夹岸[2]桃花蘸水开[3]。
春雨断桥[4]人不渡[5]，小舟撑[6]出柳阴来。

赏析

这首诗以清新的笔意写出江南水乡特有的风光，破除千篇一律的手法，让千百年以来的读者，也能感受到撑出的小船带来的喜悦。这首诗后两句尤为著名。由桥断而见水涨，由舟小而显湖宽，充分体现了中国诗歌艺术的两个重要的审美特点：一是写景在秀丽之外须有幽淡之致。燕双飞、桃花开，固然明媚，但无断桥，便少了逸趣。二是以实写虚，虚实相生。只消写出小舟撑出柳阴的悠然情态，满湖春色便全然托出。

---

① 湖：指杭州西湖。

② 夹岸：两岸。

③ 蘸（zhàn）水开：贴着水面开放。湖中水满，岸边桃树枝条弯下来碰到水面，桃花好像是蘸着水开放。

④ 断桥：指湖水漫过桥面。

⑤ 渡：通行，走过去。

⑥ 撑：撑船篙，就是用船篙推船前进。

扫码收听朗诵音频

8. 新　雷

⊙〔清〕张维屏

造物[①]无言却有情，每于寒尽觉春生。
千红万紫[②]安排著，只待新雷第一声。

赏析

这首短诗内蕴丰富，感情强烈。前两句写度过了寒冷的冬天，春天即将来临，催人奋起，并说明寒来暑往是自然界的运行规律。后两句表达了作者对新的社会环境的渴望，同时说明事物的演变有一个飞跃突变的阶段。“新雷”是事物突变的催化剂，含有政治革新，万事俱备，只盼一声令下的寓意。

① 造物：指大自然。

② 千红万紫：形容春天百花齐放、色彩绚丽的景象。

感念父母

父母把我们带到这个美好的世界，他们又用自己的臂膀为我们遮蔽风雨，更以他们最真诚的祝福陪伴我们一生。有人说：“母爱如春蚕，到死丝方尽；父爱如春雨，润物细无声。”其实，父母的形象不仅仅表现为奉献，还有智慧干练、勤劳节俭、深沉内敛……在作家们的笔下，他们是各具特色的鲜活形象，他们用自己的优良品行，指引着儿女们成长。让我们去了解那让人印象深刻的父母形象，感受他们的伟大吧！

阅读本单元文章，要继续重视朗读训练，把握文章的感情基调，注意语气、节奏的变化。要在整体感知文章内容的基础上，体会作者的思想感情，并通过朗读的方式来感受亲情故事及人物形象。

1. 合欢树

⊙史铁生

请以声传情，通过标注朗读符号，读出“我”的顽皮，感受母子生活的轻松快乐。

“.”重音
“▲”句中停顿
“↗”语调上扬
“↘”语调下降
“→”语调延长

十岁那年，我在一次作文比赛中得了第一。母亲那时候还年轻，急着跟我说她自己，说她小时候的作文做得还要好，老师甚至不相信那么好的文章会是她写的。“老师找到家来问，是不是家里的大人帮了忙。我那时可能还不到十岁呢。”我听得扫兴，故意笑：“可能？什么叫可能还不到？”她就解释。我装作根本不再注意她的话，对着墙打乒乓球，把她气得够呛[1]。不过我承认她聪明，承认她是世界上长得最好看的女的。她正给自己做一条蓝底白花的裙子。

二十岁，我的两条腿残废了。除去给人家画彩蛋，我想我还应该再干点儿别的事，

① 够呛（qiàng）：十分厉害；够受的。

先后改变了几次主意，最后想学写作。母亲那时已不年轻，为了我的腿，她头上开始有了白发。医院已经明确表示，我的病目前没办法治。母亲的全副心思却还放在给我治病上，到处找大夫，打听偏方，花很多钱。她倒总能找来些稀奇古怪的药，让我吃，让我喝，或者是洗、敷、熏、灸。“别浪费时间啦！根本没用！”我说，我一心只想着写小说，仿佛那东西能把残疾人救出困境。“再试一回，不试你怎么知道有用没用？”她说每一回都虔诚地抱着希望。然而对我的腿，有多少回希望就有多少回失望，最后一回，我的胯上被熏成烫伤。医院的大夫说，这实在太悬了，对于瘫痪病人，这差不多是要命的事。我倒没太害怕，心想死了也好，死了倒痛快。母亲惊惶了几个月，昼夜守着我，一换药就说：“怎么会烫了呢？我还直留神呀！”幸亏伤口好起来了，不然她非疯了不可。

后来她发现我在写小说。她跟我说：“那就好好写吧。”我听出来，她对治好我的腿也终于绝望。“我年轻的时候也最喜欢文学。”她说。“跟你现在差不多大

与第1段母亲年轻时的争强好胜、率真可爱相比，此时的母亲具有哪些特点？

的时候，我也想过搞写作。”她说。“你小时候的作文不是得过第一？”她提醒我说。我们俩都尽力把我的腿忘掉。她到处去给我借书，顶着雨或冒了雪推我去看电影，像过去给我找大夫、打听偏方那样，抱了希望。

三十岁时，我的第一篇小说发表了，母亲却已不在人世。过了几年，我的另一篇小说又侥幸获奖，母亲已经离开我整整七年。

获奖之后，登门采访的记者就多。大家都好心好意，认为我不容易。但是我只准备了一套话，说来说去就觉得心烦。我摇着车躲出去，坐在小公园安静的树林里，想：上天为什么早早地召母亲回去呢？迷迷糊糊的，我听见回答：“她心里太苦了。上天看她受不住了，就召她回去。”我的心得到一点安慰，睁开眼睛，看见风正从树林里吹过。

母亲的病逝给“我”留下无比的悲伤和愧疚。与其说是作者与上天对话，不如说是他与自己的灵魂对话，以寻求精神的安慰。

我摇车离开那儿，在街上瞎逛，不想回家。

母亲去世后，我们搬了家。我很少再到母亲住过的那个小院儿去。小院儿在一个大院儿的尽里头，我偶尔摇车到大院儿去坐坐，但不愿意去那个小院儿，推说手摇车进去不方便。院儿里的老太太们还都把我当儿孙看，尤其想到我又没了母亲，但都不说，光扯[1]些闲话，怪我不常去。我坐在院子当中，喝东家的茶，吃西家的瓜。有一年，人们终于又提到母亲："到小院儿去看看吧，你妈种的那棵合欢树今年开花了！"我心里一阵抖，还是推说手摇车进出太不容易。大伙就不再说，忙扯些别的，说起我们原来住的房子里现在住了小两口，女的刚生了个儿子，孩子不哭不闹，光是瞪着眼睛看窗户上的树影儿。

树开花，母已逝，"我"心绪难平，悲痛、愧疚顿生。

我没料到那棵树还活着。那年，母亲到劳动局去给我找工作，回来时在路边挖了一棵刚出土的"含羞草"，以为是含羞草，种在花盆里长，竟是一棵合欢树。母亲从来喜欢那些东西，但当时心思全在别处。第二年合欢树没有发芽，母亲叹息了一回，还不舍得扔掉，依然让它长在瓦盆里。第三年，合欢树却又长出了叶子，而且茂盛了。母亲高兴了很多天，以为那是个好兆头，常去侍弄它，不敢再大意。又过一年，她把合欢树

合欢树命运周折，许有深意。

① 扯（chě）：漫无边际地闲谈。

移出盆，栽在窗前的地上，有时念叨，不知道这种树几年才开花。再过一年，我们搬了家，悲痛弄得我们都把那棵小树忘记了。

与其在街上瞎逛，我想，不如就去看看那棵树吧。我也想再看看母亲住过的那间房。我老记着，那儿还有个刚来到世上的孩子，不哭不闹，瞪着眼睛看树影儿。是那棵合欢树的影子吗？小院儿里只有那棵树。

怀念母亲。旧忧未消又生新愁。

院儿里的老太太们还是那么欢迎我，东屋倒茶，西屋点烟，送到我跟前。大伙都不知道我获奖的事，也许知道，但不觉得那很重要；还是都问我的腿，问我是否有了正式工作。这回，想摇车进小院儿真是不能了。家家门前的小厨房都扩大了，过道窄到一个人推自行车进出也要侧身。我问起那棵合欢树。大伙说，年年都开花，长到房高了。这么说，我再看不见它了。我要是求人背我去看，倒也不是不行。我挺后悔前两年没有自己摇车进去看看。

我摇着车在街上慢慢走，不急着回家。人有时候只想独自静静地待一会儿。悲伤也成享受。

有一天那个孩子长大了，会想起童年的事，会想起那些晃动的树影儿，会想起他自己的妈妈。他会跑去看看那棵树。但他不会知道那棵树是谁种的，是怎么种的。

1985年

余音袅袅。合欢树融入了“我”和母亲的生命轨迹，它从渺小如含羞草到长成枝繁叶茂的大树，皆是缘于母亲的爱和希望。

母亲误将合欢树种在家中，从此合欢树与“我”家结下了不解之缘。当“我”面临命运残酷的打击时，曾孱弱的合欢树以蓬勃的状态给予母亲新的希望。母亲逝世后，合欢树又承载了“我”对母亲的缅怀与忏悔。

本文题为“合欢树”，但文章前半部分用了很多文字来写母亲，你知道这是为什么吗？

2. 我的母亲

⊙胡　适

我小时身体弱，不能跟着野蛮的孩子们一块儿玩。我母亲也不准我和他们乱跑乱跳。小时不曾养成活泼游戏的习惯，无论在什么地方，我总是文绉绉[①]的。所以家乡老辈都说我“像个先生样子”，遂叫我作“穈先生[②]”。这个绰号叫出去之后，人都知道三先生的小儿子叫作穈先生了，既有“先生”之名，我不能不装出点“先生”样子，更不能跟着顽童们“野”了。有一天，我在我家八字门口和一班孩子“掷铜钱”，一位老辈走过，见了我，笑道：“穈先生也掷铜钱吗？”我听了羞愧得面红耳热，觉得大失了“先生”的身份！

---

① 文绉（zhōu）绉：形容人谈吐、举止文雅的样子。

② 穈（méi）先生：胡适小时候的名字叫“嗣穈”，爱称“穈儿”。

大人们鼓励我装先生样子，我也没有嬉戏的能力和习惯，又因为我确是喜欢看书，所以我一生可算是不曾享过儿童游戏的生活。每年秋天，我的庶祖母①同我到田里去“监割”（顶好的田，水旱无忧，收成最好，佃户每约田主来监割，打下谷子，两家平分），我总是坐在小树下看小说。十一二岁时，我稍活泼一点，居然和一群同学组织了一个戏剧班，做了一些木刀竹枪，借得了几副假胡须，就在村口田里做戏。我做的往往是诸葛亮、刘备一类的文角儿；只有一次我做史文恭②，被花荣一箭从椅子上射倒下去，这算是我最活泼的玩意儿了。

本段字里行间流露着作者对儿童游戏的追念和对缺少儿童游戏生活的惋惜。你能试着朗读出作者的情感吗？

我在这九年（1895—1904）之中，只学得了读书写字两件事。在文字和思想的方面，不能不算是打了一点儿底子。但别的方面都没有发展的机会。有一次我们村里“当朋”（八都凡五村，称为“五朋”，每年一村轮着做太子会③，名为“当朋”），筹备太子

① 庶（shù）祖母：旧时称祖父的妾。

② 史文恭：《水浒传》中的人物。下文的“花荣”也是这部作品中的人物。

③ 太子会：皖南一带的神会，据说唐代的张巡曾被追赠为通真三太子，太子神即指在安史之乱中保卫江淮的张巡。

会，有人提议要派我加入前村的昆腔队学习吹笙或吹笛。族里长辈反对，说我年纪太小，不能跟着太子会走遍五朋。于是我失掉了这学习音乐的唯一机会。三十年来，我不曾拿过乐器，也全不懂音乐；究竟我有没有一点儿学音乐的天资，我至今还不知道。至于学图画，更是不可能的事。我常常用竹纸蒙在小说书的石印绘像上，摹画书上的英雄美人。有一天，被先生看见了，挨了一顿大骂，抽屉里的图画都被搜出撕毁了。于是我又失掉了学做画家的机会。

一个“但”字，笔锋一转，水到渠成地将“母亲”推到了文章的中心。承上启下，过渡自然。

但这九年的生活，除了读书看书之外，究竟给了我一点儿做人的训练。在这一点上，我的恩师就是我的慈母。

每天天刚亮时，我母亲就把我喊醒，叫我披衣坐起。我从不知道她醒来坐了多久了。她看我清醒了，才对我说昨天我做错了什么事，说错了什么话，要我认错，要我用功读书。有时候她对我说父亲的种种好处，她说：“你总要踏上你老子的脚步。我一生只晓得这一个完全的人，你要学他，不要跌他的股（跌股便是丢脸、出丑）。”

她说到伤心处，往往掉下泪来。到天大明时，她才把我的衣服穿好，催我去上早学。学堂门上的锁匙放在先生家里；我先到学堂门口一望，便跑到先生家里去敲门。先生家里有人把锁匙从门缝里递出来，我拿了跑回去，开了门，坐下念生书。十天之中，总有八九天我是第一个去开学堂门的。等到先生来了，我背了生书，才回家吃早饭。

这是文中第一次提到母亲“哭”，这“哭”中有对丈夫的思念和对儿子的期盼。

我母亲管束我最严，她是慈母兼任严父。但她从来不在别人面前骂我一句，打我一下。我做错了事，她只对我一望，我看见了她的严厉眼光，就吓住了。犯的事小，她等到第二天早晨我睡醒时才教训我。犯的事大，她等到晚上人静时，关了房门，先责备我，然后行罚，或罚跪，或拧我的肉，无论怎样重罚，总不许我哭出声音来。她教训儿子不是借此出气叫别人听的。

总领以下诸事。

有一个初秋的傍晚，我吃了晚饭，在门口玩，身上只穿着一件单背心。这时候我母亲的妹子玉英姨母在我家住，她怕我冷了，拿了一件小衫出来叫我穿上。我不肯穿，她说：“穿上吧，凉了。”我随口回答：“娘（凉）

什么！老子都不老子呀。”我刚说了这句话，一抬头，看见母亲从家里走出，我赶快把小衫穿上。但她已听见这句轻薄的话了。晚上人静后，她罚我跪下，重重地责罚了我一顿。她说：“你没了老子，是多么得意的事！好用来说嘴！”她气得坐着发抖，也不许我上床去睡。我跪着哭，用手擦眼泪，不知擦进了什么微菌，后来足足害了一年多的眼翳[①]病。医来医去，总医不好。我母亲心里又悔又急，听说眼翳可以用舌头舔去，有一夜她把我叫醒，她真用舌头舔我的病眼。这是我的严师，我的慈母。

一个“真”表示出乎意料，仅仅听说而已，不一定可靠，母亲却信以为真，表现出她的爱子心切。

我母亲二十三岁做了寡妇，又是当家的后母。这种生活的痛苦，我的笨笔写不出一万分之一二。家中经济本不宽裕，全靠二哥在上海经营调度。大哥从小就是败子，吸鸦片烟，赌博，钱到手就光，光了就回家打主意，见了香炉就拿出去卖，捞着锡茶壶就拿出去押。我母亲几次邀了本家长辈来，给他定下每月用费的数目。但他总不够用，到处都欠下烟债赌债。每年除夕我家中总有一大群讨债的，每人

舐犊之爱。以具体事例体现了母亲对“我”的“教之严”“爱之慈”。

① 翳（yì）：眼睛角膜病变后遗留下来的瘢痕。

一盏灯笼，坐在大厅上不肯去。大哥早已避出去了。大厅的两排椅子上满满的都是灯笼和债主。我母亲走进走出，料理年夜饭、谢灶神、压岁钱等事，只当作不曾看见这一群人。到了近半夜，快要“封门”了，我母亲才走后门出去，央一位邻舍本家到我家来，每一家债户开发一点钱。做好做歹的，这一群讨债的才一个一个提着灯笼走出去。一会儿，大哥敲门回来了。我母亲从不骂他一句。并且因为是新年，她脸上从不露出一点怒色。这样的年，我过了六七次。

母亲在处理家族事务中显现出怎样的性格?

大嫂是个最无能而又最不懂事的人，二嫂是个很能干而气量很窄小的人。她们常常闹意见，只因为我母亲的和气榜样，她们还不曾有公然相打相骂的事。她们闹气时，只是不说话，不答话，把脸放下来，叫人难看；二嫂生气时，脸色变青，更是怕人。她们对我母亲闹气时，也是如此。我起初全不懂得这一套，后来也渐渐懂得看人的脸色了。我渐渐明白，世间最可厌恶的事莫如一张生气的脸；世间最下流[①]的事莫如把生气的

① 下流：这里指卑劣、不道德。

脸摆给旁人看。这比打骂更难受。

我母亲的气量大，性子好，又因为做了后母后婆，她更事事留心，事事格外容忍。大哥的女儿比我只小一岁，她的饮食衣料总是和我的一样。我和她有小争执，总是我吃亏，母亲总是责备我，要我事事让她。后来大嫂、二嫂都生了儿子了，她们生气时便打骂孩子来出气，一面打，一面用尖刻有刺的话骂给别人听。我母亲只装作没听见。有时候，她实在忍不住了，便悄悄走出门去，或到左邻立大嫂家去坐一会儿，或走后门到后邻度嫂家去闲谈。她从不和两个嫂子吵一句嘴。

每个嫂子一生气，往往十天半个月不歇，天天走进走出，板着脸，咬着嘴，打骂小孩子出气。我母亲只忍耐着，忍到实在不可再忍的一天，她也有她的法子。这一天的天明时，她就不起床，轻轻地哭一场。她不骂一个人，只哭她的丈夫，哭她自己苦命，留不住她丈夫来照管她。她刚哭时，声音很低，渐渐哭出声来。我醒了起来劝她，她不肯住。这时候，我总听得见前堂（二嫂住前堂东房）或后堂（大嫂住后堂西房）有一扇房门开了，一个嫂子走

这是文中第二次提到母亲的“哭”，母亲以这种方式化解家庭矛盾，用心良苦。母亲用自己的隐忍善良感化着家人。

出房向厨房走去。不多一会儿，那位嫂子来敲我们的房门了。我开了房门，她走进来，捧着一碗热茶，送到我母亲床前，劝她止哭，请她喝口热茶。我母亲慢慢停住哭声，伸手接了茶碗。那位嫂子站着劝一会儿，才退出去。没有一句话提到什么人，也没有一个字提到这十天半个月来的气脸，然而各人心里明白，泡茶进来的嫂子总是那十天半个月来闹气的人。奇怪得很，这一哭之后，至少有一两个月的太平清静日子。

我母亲待人最仁慈，最温和，从来没有一句伤人感情的话。但她有时候也很有刚气，不受一点人格上的侮辱。我家五叔是个无正业的浪人，有一天在烟馆里发牢骚，说我母亲家中有事总请某人帮忙，大概总有什么好处给他。这句话传到了我母亲耳朵里，她气得大哭，请了几位本家来，把五叔喊来，她当面质问他她给了某人什么好处。直到五叔当众认错赔罪，她才罢休。

母亲第三次“哭”，这“哭”中有刚气，与前文的“柔”形成鲜明对比。行文至此，母亲的形象立体鲜活地展现在我们眼前。

我在我母亲的教训之下度过了少年时代，受了她的极大极深的影响。我十四岁（其实只有十二岁零两三个月）就离开她一篇旨意全在于此。

了。在这广漠的人海里独自混了二十多年，没有一个人管束过我。如果我学得了一丝一毫的好脾气，如果我学得了一点点待人接物的和气，如果我能宽恕人，体谅人——我都得感谢我的慈母。

学习提示

胡适的母亲威严而有慈，教子为之计深远。她是胡适人生的第一位导师。她用真挚的言语和端正的身教，传授和示范做人的道理，正其德行，教之义方，润泽胡适的心灵，惠及胡适的人生。胡适就是在母亲的提醒、督促、呵护、责罚中，一点点地感悟为人的准则、做事的规矩和做人的正道，他在母亲的教育中修养了自己的性情——“和气”与“宽容”。

“慈母”“严父”“恩师”，这是胡适先生赋予自己母亲的亲切称呼。请结合具体语句品析这三个词语蕴含的深刻思想内涵，体会胡适对母亲的真挚感念。

1. 我的母亲

⊙丰子恺

中国文化馆要我写一篇《我的母亲》，并寄我母亲的照片一张。照片我有一张四寸的肖像，一向挂在我的书桌的对面。已有放大的挂在堂上，这一张小的不妨送人。但是《我的母亲》一文从何处说起呢？看看母亲的肖像，想起了母亲的坐姿。

母亲生前没有摄取坐像的照片，但这姿态清楚地摄入在我脑海中的底片上，不过没有晒出。现在就用笔墨代替显影液和定影液，把我的母亲的坐像晒出来吧：

我的母亲坐在我家老屋的西北角里的八仙椅子上，眼睛里发出严肃的光辉，口角上表出慈爱的笑容。

老屋的西北角里的八仙椅子，是母亲的老位子。从我小时候直到她逝世前数月，母亲空下来总是坐在这把椅子上，这是很不舒服的一个座位：我家的老屋是一所三开间的楼厅，右边一间是我的堂兄家，左边一间是我的堂叔家，中央一间是我家。但是没有板壁隔开，只拿在左右的两排八仙椅子当作三份人家的界限。所以母亲坐的椅子，背后凌空。若是沙发椅子，三面有柔软的厚壁，凌空原无妨碍。但我家的八仙椅子是木造的，坐板和靠背成九十度角，靠背只是疏疏的几根木条，其高只及人的肩膀。母亲坐着没处搁头，很不安稳。母亲又防椅子的脚摆在泥土上要霉烂，用二三寸高的木座子衬在椅子脚下，因此这只八仙椅子特别高，母亲坐上去两脚须得挂空，很不便利。所谓西北角，就是左边最里面的一只椅子。这椅子的里面就是通过退堂的门。退堂里就是灶间。母亲坐在椅子上向里面顾，可以看见灶头。风从里面吹出的时候，烟灰和油气都吹在母亲身上，很不卫生。堂前隔着三四尺阔的一条天井便是墙门。墙外面便是我们的染坊店。母亲坐在椅子里向外面望，可以看见杂沓往来的顾客，听到沸反盈天[①]的市井声，很不清静。但我的母亲一向坐在我家老屋西北角里的这样不安稳、不便利、不卫生、不清静的一只八仙椅子上，眼睛发出严肃的光辉，口角上表出慈爱的笑容。母亲为什么老是坐在这样不舒服的椅子里呢？因为这位子在我家中最为冲要。母亲坐在这位子里可以顾到灶上，又可以顾到店里。母亲为要兼顾内外，便顾不到座位的安稳不安稳，便利不便利，卫生不卫生，和清静不清静了。

我四岁时，父亲中了举人，同年祖母逝世，父亲丁艰[②]在家，郁郁不乐，以诗酒自娱，不管家事，丁艰终而科举废，父亲就从此隐遁[③]。这期间家事店事，内外都归母亲一人兼理。我从书堂出来，

① 沸反盈天：形容人声喧闹，乱成一片。

② 丁艰：丁忧，指遭逢父母的丧事。

③ 隐遁：隐居起来，逃避尘世。

照例走向坐在西北角里的椅子上的母亲的身边，向她讨点东西吃吃。母亲口角上表出慈爱的笑容，伸手除下挂在椅子头顶的“饿杀猫篮”，拿起饼饵给我吃；同时眼睛里发出严肃的光辉，给我几句勉励。

我九岁的时候，父亲遗下了母亲和我们姐弟六人，薄田数亩和染坊店一间而逝世。我家内外一切责任全部归母亲负担。此后她坐在那椅子上的时间愈加多了。工人们常来坐在里面的凳子上，同母亲谈家事；店伙们常来坐在外面的椅子上，同母亲谈店事；父亲的朋友和亲戚邻人常来坐在对面的椅子上，同母亲交涉或应酬。我从学堂里放假回家，又照例走向西北角椅子边，同母亲讨个铜板。有时这四班人同时来到，使得母亲招架不住，于是她用眼睛的严肃的光辉来命令，警戒，或交涉；同时又用了口角上的慈爱的笑容来劝勉，抚爱，或应酬。当时的我看惯了这种光景，以为母亲是天生成坐在这只椅子上的，而且天生成有四班人向她缠绕不清的。

我十七岁离开母亲，到远方求学。临行的时候，母亲眼睛里发出严肃的光辉，告诫我待人接物求学立身的大道；口角上表出慈爱的笑容，关照我起居饮食一切的细事。她给我准备学费，她给我置备行李，她给我制一罐猪油炒米粉，放在我的网篮里；她给我做一个小线板，上面插两只引线放在我的箱子里，然后送我出门。放假归来的时候，我一进店门，就望见母亲坐在西北角里的八仙椅子上。她欢迎我归家，口角上表出慈爱的笑容，她探问我的学业，眼睛里发出严肃的光辉。晚上她亲自上灶，烧些我所爱吃的菜蔬给我吃，灯下她详询我的学校生活，加以勉励，教训，或责备。

我廿二岁毕业后，赴远方服务，不克依居母亲膝下，唯假期归省。每次归家，依然看见母亲坐在西北角里的椅子上，眼睛里发出严肃的光辉，口角上表出慈爱的笑容。她像贤主一般招待我，又像良师一般教训我。

我三十岁时，弃职归家，读书著述奉母，母亲还是每天坐在西北角里的八仙椅子上，眼睛里发出严肃的光辉，口角上表出慈爱的笑容。只是她的头发已由灰白渐渐转成银白了。

我三十三岁时，母亲逝世。我家老屋西北角里的八仙椅子上，从此不再有我母亲坐着了。然而我每逢看见这只椅子的时候，脑际一定浮出母亲的坐像——眼睛里发出严肃的光辉，口角上表出慈爱的笑容。她是我的母亲，同时又是我的父亲。她以一身任严父兼慈母之职而训诲[①]我抚养我，从我呱呱坠地[②]的时候直到三十三岁，不，直到现在。陶渊明诗云："昔闻长者言，掩耳每不喜。"我也犯这个毛病；我曾经全部接受了母亲的慈爱，但不会全部接受她的训诲。所以现在我每次在想象中瞻望母亲的坐像，对于她口角上的慈爱的笑容觉得十分感谢，对于她眼睛里的严肃的光辉，觉得十分恐惧。这光辉每次给我以深刻的警惕和有力的勉励。

一九三七年二月廿八日

① 训诲：教导。用于上级对下级，长辈对晚辈。

② 呱（gū）呱坠地：指婴儿出生。

2. 写给母亲

⊙贾平凹

人活着的时候，只是事情多，不计较白天和黑夜。人一旦死了，日子就堆起来：算一算，再有二十天，我妈就三周年了。

三年里，我一直有个奇怪的想法，就是觉得我妈没有死，而且还觉得我妈自己也不以为她就死了。常说人死如睡，可睡的人是知道要睡去，睡在了床上，却并不知道在什么时候睡着的呀。我妈跟我在西安生活了十四年，大病后医生认定她的各个器官已在衰竭，我才送她回棣花老家维持治疗。每日在老家挂上液体，她也清楚每一瓶液体完了，儿女们会换上另一瓶液体的，所以便放心地闭了眼躺着。到了第三天的晚上，她闭着的眼再没有睁开，但她肯定还是认为她在挂液体，没有意识到从此再不醒来，因为她躺下时还让我妹把给她擦脸的毛巾洗一洗，梳子放在了枕边，系在裤带上的钥匙没有解，也没有交代任何后事啊。

三年以前我每打喷嚏，总要说一句：这是谁想我呀？我妈爱说笑，就接茬说：谁想哩，妈想哩！这三年里，我的喷嚏尤其多，往往错过吃饭时间，熬夜太久，就要打喷嚏，喷嚏一打，便想到我妈了，认定是我妈还在牵挂我哩。我常在写作时，突然能听到我妈在叫我，叫得很真切，一听到叫声我便习惯地朝右边扭过头去。从前我妈坐在右边那个房间的床头上，我一伏案写作，她就不再走动，也不出声，却要一眼一眼看着我，看得时间久了，她要叫我一声，然后说：世上的字你能写完吗，出去转转嘛。现在，每听到我妈叫我，我就放下笔走进那个房间，心想我妈从棣花来西安了？当然房间里什么也没有，却要立上半天，自言自语我妈是来了又出门去街上给我买我爱吃的青辣子和萝卜了。或许，她在逗我，故意藏到挂在墙上的她那张照片里，我便给照片前的香炉里上香，要说上一句：我不累。

整整三年了，我给别人写过十多篇文章，却始终没给我妈写过一个字，因为所有的母亲，儿女们都认为是伟大又善良，我不愿意重复这些词语。我妈是一位普通的妇女，缠过脚，没有文化，户籍还在乡下，但我妈对于我是那样的重要。已经很长时间了，虽然再不为她的病而提心吊胆了，可我出远门，再没有人啰啰唆唆地叮咛着这样叮咛着那样，我有了好吃的好喝的，也不知道该送给谁去。

在西安的家里，我妈住过的那个房间，我没有动一件家具，一切摆设还原模原样，而我再没有看见过我妈的身影。我一次又一次难受着给自己说，我妈没有死，她是住回乡下老家了。今年的夏天太湿太热，每晚被湿热醒来，恍惚里还想着该给我妈的房间换个新空调了。待清醒过来，又宽慰着我妈在乡下的新住处里，应该是清凉的吧。

三周年的日子一天天临近，乡下的风俗是要办一场仪式的，我准备带着香烛花果，回一趟棣花了。但一回棣花，就要去坟上，现实告诉我我妈是死了，我在地上，她在地下，阴阳两隔，母子再也难以相见，顿时热泪肆流，长声哭泣啊。

中国人为什么自称“龙的传人”

海内外的中国人都常自豪地称自己为“龙的传人”，这主要是源于我国古代图腾文化和神话传说。

相传，黄帝统一中原以前，是以“熊”为图腾的。战败蚩尤统一中原后，黄帝为了安抚归附的部落，放弃了原来的图腾，而使用了一种新图腾——龙。

在山东省嘉祥县东汉武氏墓群石刻中，有一组古代帝王画像，画的是伏羲、祝融、神农、黄帝、唐尧、夏禹等十位帝王。其中九位帝王都是人头人身，唯独伏羲氏形象奇异，并且和女娲画在一起，两人都是人头人身而龙尾，像是由龙转化来的。而我国古代神话中，说人类是由伏羲与女娲结合而生下来的，人类当然也就是龙的子孙，故称为“龙的传人”。

3. 父母是最朴素的人文

⊙梁晓声

我的意识中，母亲像一棵树，父亲像一座山。他们教给我很多朴素的为人处世的道理，令我终身受益。我觉得，对于每一个人，父母早期的家教都具有初级的朴素的人文元素。我作品中的平民化倾向，同父母从小对我的教育和影响密不可分。

我出生在哈尔滨市一个建筑工人家庭，兄妹五人。为了抚养我们五个孩子，父亲在我很小的时候就到外地工作，每月把钱寄回家。他是国家第一代建筑工人。母亲在家里要照顾我们五个孩子的生活，非常辛劳。母亲给我的印象像一棵树，我当时上学时看到的那种树——秋天不落叶，要等到来年春天，新叶长出来后枯叶才落去。

当时父亲的工资很低，每次寄回来的钱都无法维持家中的生活开支，看着我们五个正处在成长时期的孩子，食不果腹，鞋难护足，母亲就向邻居借钱。她有一种特别的本领，那就是能隔几条街借到熟人的钱。我想，这是她好人缘所起的作用。尽管这样，我们因为贫困还是生活得很艰难，五个孩子还是经常会挨饿。

上小学时，一次我肚子饿得咕咕叫，正无精打采往家赶，看到一个老大爷赶着马车从我面前走过。一股香喷喷的豆饼味迎面扑来，我立即向老大爷的马车看过去，发现马车上有一块豆饼。我本来就饿，再加上豆饼香味的刺激，当时只有一个念头，拿着豆饼填饱肚子。我趁着老大爷不注意，抱起他身旁的豆饼拔腿就跑。

老大爷拿着马鞭一直在后面追我，我跑进家里，他不知道我一下子跑入了哪间房子。我心惊胆战地躲在家里，可没想到他还是找到了我家。

“你看到了一个偷我豆饼的小孩吗？”老大爷问我母亲。

母亲对发生的事全然不知。老大爷就把事情的经过给母亲详细说了一遍，然后蹲在地上沮丧地说：“我是农村的庄稼人，专门替别人给城里的人家送菜，每次送完菜，没有工钱，就得到四分之一块豆饼，可没想到半路上豆饼被一个学生娃给抢了，可怜我家里还有妻子和孩子，就靠这点豆饼充饥……”

母亲听完后，立即命令我把豆饼还给了老大爷。他大约走了十几米远后，母亲突然喊住了他。母亲将家中仅剩的几个土豆和窝头送给了他，老大爷看到玉米面做的窝头时，就像一个从未见过粮食的人一样，眼睛放亮，一边不停地说着感激的话，一边流着眼泪。

母亲回到家时，我以为她会打骂我，可她没有，她要等到所有的孩子都回来。晚饭后，她要我将自己的行为说了一遍，然后她才严厉地教训我：“如果你不能从小就明白一个人绝不可以做哪些事，我又怎么能指望你以后是一个社会上的好人？如果你以后在社会上都不能是一个好人，当母亲的对你又能获得什么安慰？”这些道理不在书本里，不在课堂上，可这些道理使我一生受益。

当时我家虽然非常穷，但母亲还是非常支持我读书，穷日子里的读书时光对我来说是最快乐的。当时家中买菜之类的事都由我去做，只要剩两三分钱，母亲就让我自己留着。现在两三分钱掉到地上是没人捡的，那时五分钱可以去商店买一大碟咸菜丝，一家人可以吃上两顿，两分钱可以买一斤青菜，有时五分钱母亲也让我自己拿着。我拿着这些钱去看小人书，《红旗谱》在同学那里借来读过后，才知道还有下集，上下两集加起来一块八毛多一点，我还清楚地记得书的封面是浅绿色的，画有红缨枪，颜色很鲜红，我很喜欢，非常想看这本书的下集。当时正读中学，我下了很大的决心才鼓起勇气去找母亲要钱。

那天下午两点多，我来到母亲做工的小厂。进去一看，原来母亲是在一个由仓库改成的厂房里做工。厂房不通风，也不见阳光，冬天冷夏天热，每个缝纫机的上方都吊着一个很低的灯泡。因为灯泡瓦数很高，所以才能看得见做活。厂房很热，每个人都戴着厚厚的口罩，整个车间就像一个纱厂一样，空气中飞舞着红色的棉絮，所有女人戴的口罩上都沾满了红色的棉絮，头发上、脸上、眼睫毛上都是，很难辨认哪位是我母亲。

我一直不知道母亲在这样的环境下工作，后来还是母亲的同事帮我找到了她。见到母亲，本来找她要钱的我，一时竟说不出话来。

母亲说："什么事说吧，我还要干活。"

"我要钱。"

"你要钱做什么呀？"

"我要买书。"

"梁嫂你不能这样惯孩子，能给他读书就不错了，还买什么书呀。"母亲的工友纷纷劝道。

"他呀，也只有这样一个爱好，读书反正不是什么坏事。"母亲说完把钱掏给了我。

拿着母亲给的钱，我的心情很沉重，本来还沉浸在马上拥有新书的喜悦中，现在一点买书的念头都没有了。当时我心里很内疚，因为母亲在那里工作了两年多，我一直不知道她在那里。我一次都没有去看望过她，我也没有钱孝敬她，我怀着这样的心情用母亲给的钱给她买了罐头。

母亲看到我买的罐头反而生气了，然后又给了我钱去买书，那时我就拥有了完整的《红旗谱》和《播火记》，我非常喜欢这两本书。这件事给我的印象很深，以致后来参加工作后我的第一件事就是花了二三十元钱，给母亲买回所有款式的罐头和点心。母亲看着我买的礼物，泪流满面。她把这些罐头擦得很亮，整整齐齐地摆在桌子上。

我们这一代人的父母，几乎没有过一天幸福的晚年。老舍[①]在

---

① 老舍（1899—1966）：作家。原名舒庆春，字舍予，北京人，满族。主要作品有小说《骆驼祥子》《四世同堂》，戏剧《茶馆》《龙须沟》等。

写他的母亲时说，他母亲没有穿一件好衣服，没有吃一顿好饭，他拿什么来写母亲。我能感受到作家当时的心情。萧乾[①]在写他母亲时说，他当时终于参加工作并把第一个月的工资拿来给母亲买罐头，当他把罐头喂给病床上的母亲时，她已经停止了呼吸。季羡林[②]在回忆他母亲时写道，他后悔到北京到清华学习，如果不是这样，他母亲也不会那么辛苦培养他读书。他母亲生病时，都没有告诉他，等他回到家时，母亲已经去世，他当时就恨不得一头撞在母亲的棺木上，随她一起去……这样的父母很多，如果我们的父母也长寿，到街心公园打打太极拳，提着鸟笼子散散步，过生日时给他们送上一个大蛋糕，春节一家人到酒店吃一顿饭，甚至去旅游，我们心中也会释然。如果我们少一点粗声粗气地对母亲说话惹她生气，如果我们能多抽出一点时间来陪陪母亲，那就好了。我想全世界的儿女都是孝顺的，只要我们仔细看一下“老”字和“孝”字，上面都是一样的，“老”字非常像一个老人半跪着，人到老年要生病，记性不好，像小孩，不再是那个威严的教育你的父母，他变成弱势了，在别人面前还有尊严，在你面前却要依靠……

爱是双向的。只有父母对孩子的爱，没有孩子对父母的爱，这种爱是不完整的。父母养育孩子，子女尊敬父母，爱是人间共同的情怀和关爱。

（有删改）

---

① 萧乾（1910—1999）：作家、翻译家。

② 季羡林（1911—2009）：语言学家、文学家、史学家。

4. 忆母亲

⊙肖复兴

世界上有一部永远写不完的书，那便是母亲……

那一年，我的生母突然去世，我不到八岁，弟弟才三岁多一点儿，我俩朝爸爸哭着闹着要妈妈。爸爸办完丧事，自己回了一趟老家。他回来的时候，给我们带回来了她，后面还跟着一个不大的小姑娘，爸爸指着她，对我和弟弟说："快，叫妈妈！"弟弟吓得躲在我身后，我噘着小嘴，任爸爸怎么说，就是不吭声。"不叫就不叫吧！"她说着，伸出手要摸摸我的头，我拧着脖子闪开，就是不让她摸。

望着这陌生的娘儿俩，我首先想起了那无数人唱过的凄凉小调："小白菜呀，地里黄呀；两三岁呀，没了娘呀……"我不知道那时是一种什么心绪，总是用忐忑不安的眼光偷偷看她和她的女儿。

在以后的日子里，我从来不喊她妈妈，学校开家长会，我愣是把她堵在门口，对同学说："这不是我妈。"有一天，我把妈妈生前的照片翻出来挂在家里最醒目的地方，以此向后娘示威。怪了，她不但不生气，而且常常踩着凳子去擦照片上的灰尘。有一次，她正擦着，我突然向她大声喊道："你别碰我的妈妈。"好几次夜里，我听见爸爸在和她商量："把照片取下来吧？"而她总是说："不碍事儿，挂着吧！"头一次我对她产生了一种说不出的好感，但我还是不愿叫她妈妈。

孩子没有一个是省油的灯，大人的心操不完。我们大院有块平坦、宽敞的水泥空场，那是我们孩子的乐园，我们没事便到那儿踢球、跳皮筋，或者漫无目的地疯跑。一天上午，我被一辆突如其来的自行车撞倒，重重地摔在了水泥地上，立刻晕了过去。等我醒来的时候，已经躺在医院里了，大夫告诉我："多亏了你妈呀！她一直背着你跑来的，生怕你留下后遗症，长大可得好好孝顺她呀……"

她站在一边不说话，看我醒过来便伏下身摸摸我的后脑勺，又摸摸我的脸。不知怎么搞的，我第一次在她面前流泪了。

"还疼？"她立刻紧张地问我。

我摇摇头，眼泪却止不住。

"不疼就好，没事就好！"

回家的时候，天早已经全黑了。从医院到家的路很长，还要穿过一条漆黑的小胡同，我一直伏在她的背上。我知道刚才她就是这样背着我，跑了这么长的路往医院赶的。

以后的许多天里，她不管见爸爸还是见邻居，总是一个劲儿埋怨自己：“都赖我，没看好孩子！千万别落下病根呀……”好像一切过错不在那硬邦邦的水泥地，不在我那样调皮，而全在于她。一直到我活蹦乱跳一点儿没事了，她才舒了一口气。

没过几年，三年严重困难时期就来了。只是为了省出家里一口人的饭，她把自己的亲生闺女，那个老实、听话，像她一样善良的小姐姐嫁到了内蒙古，那年小姐姐才十八岁。我记得特别清楚，那一天，天气很冷，爸爸看小姐姐穿得太单薄了，就把家里唯一一件粗线毛大衣给小姐姐穿上。她看见了，一把给扯了下来：“别，还是留给她弟弟吧。”车站上，她一句话也没说，只是在火车开动的时候，她向女儿挥了挥手。寒风中，我看见她那像枯枝一样的手臂在抖动。回来的路上，她一边走一边叨叨：“好啊，好啊，闺女大了，早点寻个人家好啊，好！”我实在是不知道人生的滋味儿，不知道她一路上叨叨的这几句话是在安抚她自己那流血的心，她也是母亲，她送走自己的亲生闺女，为的是两个并非亲生的孩子，世上竟有这样的后母？望着她那日趋隆起的背影，我的眼泪一个劲儿往外涌，“妈妈！”我第一次这样称呼了她。她站住了，回过头，愣愣地看着我，不敢相信这是真的。我又叫了一声“妈妈”，她竟“呜”的一声哭了，哭得像个孩子。多少年的酸甜苦辣，多少年的委屈，全都在这一声“妈妈”中融解了。

母亲啊，您对孩子的要求就是这么少……

这一年，爸爸因病去世了。妈妈先是帮人家看孩子，以后又在家里弹棉花、攖线头，她就是用弹棉花、攖线头挣来的钱供我和弟弟上学。望着妈妈每天满身、满脸、满头的棉花毛毛，我常想亲娘又怎么样？！从那以后的许多年里，我们家的日子虽然过得很清苦，但是，有妈妈在，我们仍然觉得很甜美。无论多晚回家，那小屋里的灯总是亮的，橘黄色的灯光里是妈妈跳动的心脏，只要妈妈在，那小屋便充满温暖，充满了爱。

我总觉得妈妈的心脏会永远地跳动着，却从来没想到，我们刚大学毕业的时候，妈妈却突然倒下了，而且再也没有起来。妈妈，请您在天之灵能原谅我们，原谅我们儿时的不懂事，而我却永远也不能原谅自己。我知道在这个世界上，我什么都可以忘记，却永远不能忘记您给予我们的一切……

世上有一部书是永远写不完的，那便是母亲。

5. 挥　手

——怀念我的父亲

⊙赵丽宏

深夜，似睡似醒，耳畔得得有声，仿佛是一支手杖点地，由远而近……父亲，是你来了吗？骤然醒来，万籁俱寂，什么声音也听不见。打开台灯，父亲在温暖的灯光中向我微笑。那是一张照片，是去年陪他去杭州时我为他拍的，他站在西湖边上，花影和湖光衬托着他平和的微笑。照片上的父亲，怎么也看不出是一个八十多岁的人。没有想到，这竟是我为他拍的最后一张照片！

记忆中，父亲的一双手老是在我的面前挥动……

我想起人生路上的三次远足，都是父亲去送我的。他站在路上，远远地向我挥动着手，伫立在路边的人影由大而小，一直到我看不见……

第一次送别是我小学毕业，我考上了一所郊区的住宿中学，那是二十世纪六十年代初。那天去学校报到时，送我去的是父亲。那时父亲还年轻，鼓鼓囊囊的铺盖卷提在他的手中并不显得沉重。中学很远，坐了两路电车，又换上了到郊区的公共汽车。

从窗外掠过很多陌生的风景，可我根本没有心思欣赏。我才十四岁，从来没有离开过家，没有离开过父母，想到即将一个人在学校里过寄宿生活，不禁有些害怕，有些紧张。一路上，父亲很少说话，只是面带微笑默默地看着我。当公共汽车在郊区的公路上疾驰时，父亲望着窗外绿色的田野，表情变得很开朗。我感觉到离家越来越远，便忐忑不安地问："我们是不是快要到了？"父亲没有直接回答我，指着窗外翠绿的稻田和在风中飘动的林荫，答非所问地说："你看，这里的绿颜色多好。"他看了我一眼，大概发现了我的惶惑和不安，便轻轻地抚摸着我的肩胛，又说："你闻闻这风中的味道，和城市里的味道不一样，乡下有草和树叶的气味，城里没有。这味道会使人健康的。我小时候，就是在乡下长大的。离开父母去学生意的时候，只有十二岁，比你还小两岁。"父亲说话时，抚摸着我的肩胛的手始终没有移开，"离开家的时候也是这样的季节，比现在晚一些，树上开始落黄叶了。那年冬天来得特别早，我离家才没有几天，突然就发冷了，冷得冰天雪地，田里的庄稼全冻死了。我没有棉袄，只有两件单衣裤，冷得瑟瑟发抖，差点没冻死。"父亲用很轻松的语气，谈着他少年时代的往事，所有的艰辛和严峻，都融化在他温和的微笑中。在我的印象中，父亲并不是一个深沉的人，但谈起遥远往事的时候，尽管他微笑着，我却感到了他的深沉。那天到学校后，父亲陪我报到，又陪我找到自己的寝室，帮我铺好了床铺。接下来，就是我送父亲了，我要把他送到校门口。在校门口，父亲拍拍我肩膀，又摸摸我头，然后笑着说：“以后，一切都要靠你自己了。开始不习惯，不要紧，慢慢就会习惯的。”说完，他就大步走出了校门。我站在校门里，目送着父亲的背影。校门外是一条大路，父亲慢慢地向前走着，并不回头。我想，父亲一定会回过头来看看我的。果然，走出十几米远时，父亲回过头来，见我还站着不动，父亲就转过身，使劲向我挥手，叫我回去。我只觉得自己的视线模糊起来……在我少年的心中，我还是第一次感到自己对父亲是如此依恋。

父亲第二次送我，是出远门。那天，是我自己提着行李，父亲默默地走在我身边。快分手时，他才讷讷地说：“你自己当心了。有空常写信回家。”我上了车，父亲站在车站上看着我。他的脸上没有露出别离的伤感，而是带着他常有的那种温和的微笑，只是有一点勉强。我知道，父亲心里并不好受，他是怕我难过，所以尽量不流露出伤感的情绪。车开动了，父亲一边随着车的方向往前走，一边向我挥着手。这时我看见，他的眼睛里闪烁着晶莹的泪光……

父亲第三次送我，是我考上大学去报到那一天。这已经是1978年春天。父亲早已退休，快七十岁了。那天，父亲执意要送我去学校，我坚决不要他送。父亲拗不过我，便让步说：“那好，我送你到弄堂口。”这次父亲送我的路程比前两次短得多，但还没有走出弄堂，我发现他的脚步慢下来。回头一看，我有些吃惊，帮我提着一个小包的父亲竟已是泪流满面。以前送我，他都没有这样动感情，和前几次相比，这次离家我的前景应该是最光明的一次，父亲为什么这样伤感？我有些奇怪，便连忙问：“我是去上大学，是好事情啊，你干吗这样难过呢？”父亲一边擦眼泪，一边回答：“我知道，我知道。可是，我想为什么总是我送你离开家呢？我想我还能送你几次呢？”说着，泪水又从他的眼眶里涌了出来。这时，我突然发现，父亲花白的头发比前几年稀疏得多，他的额头也有了我先前未留意过的皱纹。父亲是有点老了。唉，这是没有办法的事情，儿女的长大，总是以父母青春的流逝乃至衰老为代价的，这过程，总是在人们不知不觉中悄悄地进行，没有人能够阻挡这样的过程。

现在，每当我一人静下心来，面前总会出现父亲的形象。他像往常一样，对着我微笑。他就站在离我不远的地方，向我挥手，就像许多年前他送我时，在路上回过头来向我挥手一样……有时候我想，短促的人生，其实就像匆忙的挥手一样，挥手之间，一切都已经过去，已经成为过眼烟云。然而父亲对我挥手的形象，我却无法忘记。我觉得这是一种父爱的象征，父亲将他的爱，将他的期望，还有他的遗憾和痛苦，都流露宣泄在这轻轻一挥手之间了。

（有删改）

6. 灯　祭

⊙迟子建

父亲在世时，每逢过年我就会得到一盏灯。那灯是不寻常的。

从门外的雪地上捡回一个罐头瓶，然后将一瓢滚热的开水倒进瓶里，“啪”的一声，瓶底均匀地落下来，灯罩便诞生了。赶紧用废棉花将灯罩擦得亮亮的，亮到能看清瓶中央飞旋的灰尘为止。灯的底座是圆形的，木制，有花纹，面积比灯罩要大上一圈，沿边缘对称地钻两个眼，将铁丝从一只眼穿过去，然后沿着底座的直径爬行，再扎入另一只眼中，铁丝在手的牵引下像眼镜蛇一样摇摆着身子朝上伸展，两个端头一旦汇合扭结在一起，灯座便大功告成了。那时候从底座中心再钉透一根钉子，把半截红烛固定在钉子上。待到夜幕降临时，轻轻捧起灯罩，“嚓”地点燃蜡烛，敛声屏气地落下灯罩，你提着这盏灯就觉得无限风光了。

父亲给我做这盏灯总要花上很多工夫。就说做灯罩，他总要捡回五六个瓶子才能做成一个。不是把瓶子全炸碎了，就是瓶子安然无恙地保持原状，再不就是炸成功了，一看却是一只猪肉罐头瓶子，怎么擦都浑浊，只好弃了。

尽管如此，除夕夜父亲总能让我提上一盏称心如意的灯。没有月亮的除夕里，这盏灯就是月亮了。我怀揣着一盒火柴提着灯走东家串西家，每到一家都将灯吹灭，听人家夸几句这灯看着有多好，然后再心满意足地擦根火柴点燃灯去另一家。每每转回到家里时，蜡烛烧得只剩下一汪油了。

那时父亲会笑吟吟地问："把那些光全折腾没了吧？"

"全给丢在路上了。"我说，"剩下最亮的光赶紧提回家来了。"

"还真顾家啊。"父亲打趣着我去看那盏灯。那汪蜡烛油上斜着一束蓬勃芬芳的光，的确是亮丽至极，将死的光芒总是灿烂夺目的。

过年要让家里里外外都是光明。所以不仅我手中有灯，院子里也是有灯的。院子中的灯有高有低。高高在上的灯是红灯，它被挂在灯笼杆的顶端，灯笼穗长长的，风一吹，唰唰响。低处的灯是冰灯，冰灯放在窗台上，放在大门口的木墩上，冰灯能照亮它周围的一些景色，所以除夕夜藏猫猫要离冰灯远远的。无论是高出屋脊的红灯还是安闲地坐在低处的冰灯，都让人觉得温暖。但不管它们多么动人，也不如父亲送给我的灯美丽。

因为有了年，就觉得日子是有盼头的。而因为有了父亲，年也就显得有声有色；而如果又有了父亲送我的灯，年则妖娆迷人了。

年一过去后，新衣服就脱下来了，灯也收了，院子里黑漆漆的，那时候我就会望着窗外的雪花发怔，心想：原来一年之中只有几天好日子啊。人为了那几天充满光明的好日子，就要整整辛苦一年。嗐！

我一年年地长大了，父亲不再送灯给我，我已经不是那个提着灯串来串去的小孩子了。我开始在灯下想心事。但每逢除夕，院子里照例要在高处挂起红灯，在低处摆上冰灯。

然而父亲没能走到老年就去世了。父亲去世的当年我们没有点灯。别人家的院子灯火辉煌，我们家却黑漆漆的。我坐在暗处想：点灯的时候父亲还不回来，看来他是迷了路了。我多想提着父亲送我的灯到路上接他回来啊。爸爸，回家的路这么难找吗？

正月十五到了。这天是我的生日。二十八年前，一个落雪的黄昏，我降临人世了。那时窗外还没有挂灯，天似亮非亮，似冥非冥，父亲便送我一乳名：迎灯。没想到我迎来了千盏万盏灯，却再也迎不来幼时父亲送给我的那盏灯了。

走在冷寂的大街上，忽然发现一个苍老的卖灯人。那灯是六角形的，用玻璃做成的，玻璃上还贴着“福”字。我立刻想到了父亲，正月十五这一天，父亲的院子该有一盏灯的。

我买下了一盏灯。天将黑时，将它送到了父亲的墓地。“嚓”地划根火柴，周围的夜色就颤动了一下，父亲的房子在夜色中显得华丽醒目，凄切动人。

这是我送给父亲的第一盏灯。

那灯守着他，虽灭犹燃。

（有删改）

单元学习任务

任务一

班级准备开展“最美亲情瞬间”评选活动，请你选出本单元文章中的“最美亲情瞬间”，并说说你的推荐理由。

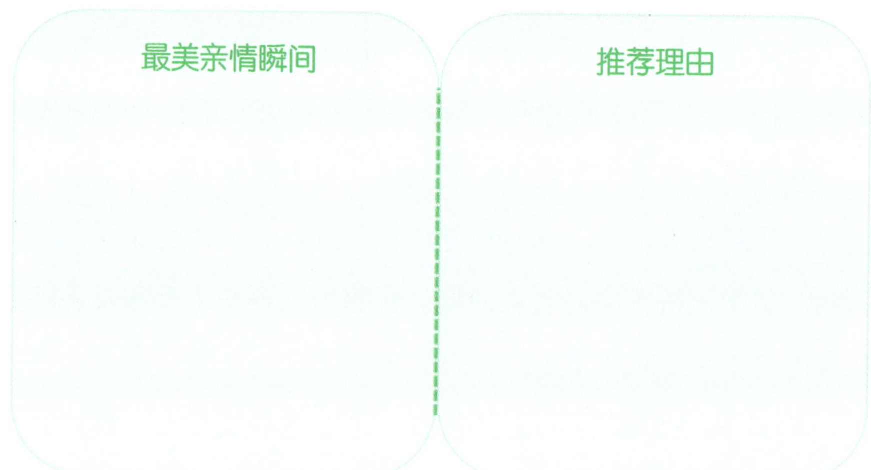

任务二

2020年中央广播电视总台春节联欢晚会上三位歌手演唱的《爸爸妈妈》感动了无数的人：“我曾经很想知道，同样的话要说多少次才好，那些再三强调的老套，长大了才知道是不是需要……歌颂这种平凡，一两句唱不完，恩重如山……”请你也为“父亲”或者“母亲”写一两句歌词。

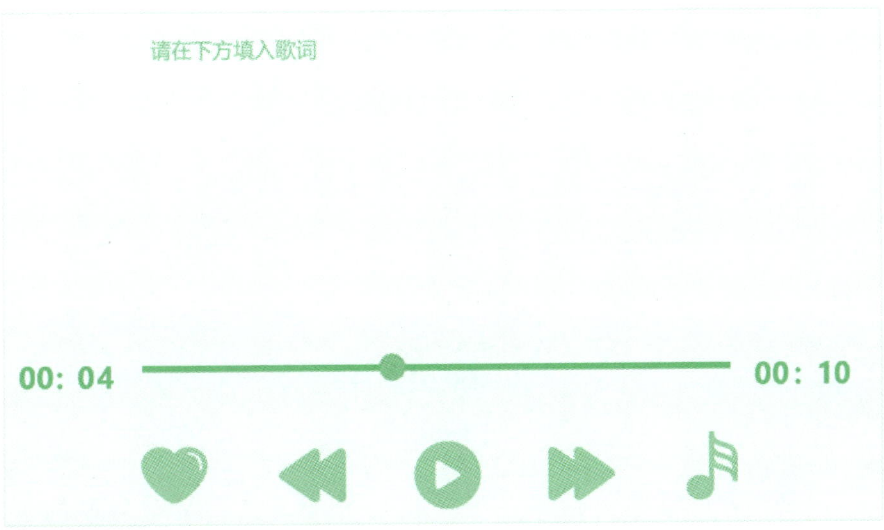

任务三

父母是一部永远读不完的书。请同学们举办一场“读懂亲情”班级朗诵会，用声音再现挚爱亲情。

温馨提示：

1.以小组为单位选择朗诵篇目（段落）；

2.组内制订朗诵方案，可以配乐等；

3.制订班级朗诵会评分标准。

指标	具体描述	分值

温馨亲情

亲情是温柔的话语，呵护我们的心灵；亲情是激励的目光，鼓舞我们前行。我们离不开亲情，犹如高飞的风筝离不开细长的绳线；我们依赖亲情，犹如瓜豆的藤蔓需要攀缘竹节或篱笆；我们享受亲情，犹如寒冷的小麦盖上厚厚的雪被，温暖如春。人人都渴望亲情，但是每个人表达亲情的方式是不同的，而且，不同地域、不同文化背景的人们也有不同的表达方式。亲情，它一直都在，它也一直在等待我们去发现与传递。

本单元我们继续加强朗读训练，要学会通过语气、节奏、抑扬顿挫和轻重缓急等朗读技巧外化文章内容，通过朗读准确传递文章的情节推进、矛盾冲突、情感表达等要素。

1. 拥你入睡

⊙肖复兴

儿子上初一以后，忽然一下子长大了。换内裤，要躲在被子里换；洗澡，再也不用妈妈帮助洗，连我帮他搓搓后背都不用了。

我知道，儿子长大了，像日子一样无可奈何地长大了。原来拥有的天然的肌肤之亲和无所顾忌的亲昵，都被儿子这长大拉开了距离，变得有些羞涩了。任何事物都有一些失去，才有一些得到吧？

有一天下午，儿子复习功课，累了，躺在我的床上看电视。实在是太累，刚看了一会儿眼皮就打架了。他忽然翻了一个身，倚在我的怀里，让我搂着他睡上一觉，迷迷糊糊中嘱咐我一句：“一小时后叫我，我还得复习呢！”

我有些受宠若惊。许久，许久，儿子没

“受宠若惊”一词承载着作者怎样复杂的情感？

有这种亲昵的动作了。以前，就是一早睡醒了，他还要光着小屁股钻进你的被窝里，和你腻乎[①]腻乎。现在，让你搂着他像搂着只小猫一样入睡，简直是天方夜谭了。

莫非懵懵懂懂[②]中，睡意蒙眬中，儿子一下失去了现实，跌进了逝去的童年，记忆深处掀起了清新动人的一角？让他情不由己地拾蘑菇一样拾起他现在并不是想拒绝的往日温馨？

细腻的文字中隐藏着父亲对儿子深厚的爱。请你试着用舒缓而深情的语气读出作者喜悦而激动的情感。

儿子确实像小猫一样睡在我的怀里。均匀地呼吸，胸脯和鼻翼轻轻起伏着，像春天小河里升起又降落的暖洋洋的气泡。

我想起他小时候，妈妈上班，家又拥挤，他在一边玩，我在一边写东西，玩着玩腻了，他要喊："爸爸，你什么时候写完呀？陪我玩玩不行吗？"我说："快啦！快啦！"却永远快不了，心和笔被拽走得远远的。他等不及了，就跑过来跳在我的怀里带有几分央求的口吻说："爸爸！我不捣乱，我就坐在这儿，看你写行吗？"我怎么能说不行？已经把儿子孤零零地抛到一边，寂寞了那么长时光！我搂着

---

① 腻（nì）乎：方言，这里形容小孩子与父母亲近的样子。

② 懵（měng）懵懂懂：糊里糊涂。形容什么也不知道。

他，腾出一只手接着写。

那时候，好多东西都是这样搂着儿子写出来的。他给我安详，给我亲情，给我灵感。他一点儿也不闹，一句话也不讲，就那么安安静静倚在我的怀里，像落在我身上的一只小鸟，看我写，仿佛看懂了我写的那些或哭或笑或哭笑交加的故事。其实，那时他认识不了几个字。有好几次，他倚在我的怀里睡着了，睡得那么香那么甜，我都没有发现……

以后我常常想起那段艰辛却温馨的写作日子，想起儿子倚在我怀中小鸟一样静谧睡着的情景。我觉得我的那些东西里有儿子的影子、呼吸，甚至睡着之后做的那些个灿若星花的梦境……

以上两段为插叙。儿子依恋父亲，父亲爱抚儿子，父子情深。

儿子长大了。纵使我又写了很多比那时要好的故事，却再也寻不回那时的感觉、那一份梦境。因为儿子再不会像鸟儿一样蹦上你的枝头，那么纯真天籁般倚在你的怀里睡着了。

作为父亲，作者内心有一种失落和淡淡的忧伤。你能试着读出这种情感吗？

如今，儿子居然缩小了一圈，岁月居然回溯[1]几年。他倚在我的怀里睡得那么香甜、恬静。我的胳膊被他枕麻了，我不敢动，我怕弄

---

① 回溯（sù）：回忆。

醒他，我知道这样的机会不会很多甚至不会再有，我要珍惜。我格外小心翼翼地拥着他，像拥着一支又轻又软又薄又透明的羽毛，生怕稍稍一失手，羽毛就会袅袅[1]飞去……

父爱无痕亦无声，父亲把自己的爱都倾注于深情的凝望中，因为心中有爱，所以才会捕捉到儿子最细微的变化。

并不是我太娇贵儿子，实在是他不会轻易地让你拥他入睡。他已经长大，嘴唇上方已经展起一层细细的绒毛，喉结也已经像要啄破壳的小鸟一样在蠕动。用不了多久，他会长得比我还要高，这张床将伸不开他的四肢……

蓦地，我忽然想起儿子小时候曾经抄过的诗人傅天琳的一首诗，其中有这样几句：

插入儿子曾抄写的诗，引出“期待是惊喜和忧伤”，既与本文主旨相吻合，又写出了儿子对父母的挚爱和依恋。

你在梦中呼唤我
孩子你是要我和你一起到公园去
我守候你从滑梯一次次摔下
一次次摔下你一次次长高

如果有一天你梦中不再呼唤妈妈
而呼唤一个陌生的年轻的名字
那是妈妈的期待
妈妈的期待是惊喜和忧伤

我禁不住望望儿子，他睡得那么沉稳，

① 袅袅：这里形容羽毛随风飘动的样子。

没有梦话，我不知他在睡梦中此刻是不是在呼唤着我？我却知道会有这么一天，拥他入睡的再不是我，而在他的睡梦中更会“呼唤一个陌生的年轻的名字”。亲爱的儿子，那将如诗人所写的，是爸爸的期待，爸爸的期待是惊喜又是忧伤。哦，我亲爱的儿子，你懂吗？此刻的睡梦中，你梦见爸爸这一份温馨而矛盾的心思了吗？

一个小时过去了，我没有舍得叫醒儿子。

文章结尾简洁而有韵味，请赏析其妙处。

学习提示

如果说《散步》让我们读到了母亲对孩子的理解，那么这篇《拥你入睡》则让我们领略到父亲对孩子的珍视。作者叙述了“拥”孩子入睡这一生活小事，用凝聚在笔端的浓浓父爱将这一细节写得细腻又温馨，同时表达了对儿子成长的感慨之情。

在叙述之中加入“插叙”是本文写作的一个特色。插叙内容与所叙之事联系紧密，描写细腻，于对比之中，写出了父亲对儿子的“温馨而又矛盾”的情感，请同学们朗读相关语句并细细体会。

2. 起身的饺子落身的面

⊙周海亮

“幸福”和“忧伤”这两个词语矛盾吗？为什么？

起身的饺子落身的面。这风俗令我幸福和忧伤。

年轻的父亲是一位石匠。石匠的概念在于健康并且强韧的身体，单调并且超负荷的劳动。石匠只与脚下的石头与手中的铁器有关，同样冷冷冰冰，让秋天的双手裂出一道道纵横交错的血口。每个星期父亲都会回来一次，骑一辆旧自行车，车至村头，铃铛便清脆地响起了。我跑去村头迎接，拖两把鼻涕，光亮的脑瓢在黄昏里闪出蓝紫色的光芒。父亲不下车，只一条腿支地，侧身，弯腰，我便骑上他的臂弯。父亲将我抱上前梁，说：“走咧！”然后，一路铃声欢畅。

那时的母亲，正在灶间忙碌。年轻的母

亲头发乌黑，面色红润。鸡蛋在锅沿上磕出美妙的声响，小葱碧绿，木耳柔润，爆酱的香气令人垂涎。那自然是面。纯正的胶东打卤面，母亲的手艺令村人羡慕。那天的晚饭自然温情并且豪迈，那时的父亲，可以干掉四海碗。

写母亲做饭时的配料，如蛋花、小葱、木耳等，其用意何在？

起身的饺子落身的面。父亲在家住上一天，就该起程了。可是我很少看见父亲起程。每一次，他离开，都是披星戴月。

总在睡梦里听见母亲下床的声音。那声音轻柔舒缓。母亲的贤惠，与生俱来。母亲和好面，剁好馅，然后，擀面杖在厚实的面板上辗转出岁月的安然与宁静。再然后是拉动风箱的声音，饺子下锅的声音，父亲下床的声音，两个人小声说话的声音，满屋子水汽，迷迷茫茫。父亲就在水汽里上路，自行车后架上，驮着他心爱的二十多公斤的开山锤。父亲干了近三十年石匠，回家，进山，再回家，再进山，两点一线，一千五百多次反复，母亲从未怠慢。起身，饺子；落身，面。一刀子一剪子，扎扎实实。即使那些最难熬的时日，母亲也不肯马虎。除去饺子和这句话在文中有什么作用?

面的时日，一家人分散在不同的地点，啃着窝头，吃着咸菜。

父亲年纪大了，再也挥不动开山锤，而我，却开始离家了。那时，我的声音开始变粗，脖子上喉结突出，见到安静的穿着鹅黄色毛衣的女孩，心就会怦怦跳个不停。学校在离家一百多里的乡下，我骑了父亲笨重并且结实的自行车，逢周末，回家。

再一次写到母亲做饭时的配料，既写出了母亲做饭手艺高超，又写出了母亲做饭时的用心、精心，体现了母亲对丈夫和儿子的爱。

迎接我的，同样是热气腾腾的面。正宗的胶东打卤面，盖了蛋花、葱花、木耳、虾仁、肉丝、绿油油的蔬菜，油花如同琥珀。学校里伙食很差，母亲的面，便成为一种奢求。好在有星期天，好在有家，好在有母亲。

返校前，自然是一顿饺子。晶莹剔透的饺子皮，香喷喷的大馅，一根大葱，几瓣酱蒜，一碟醋，一杯热茶，猫儿幸福地趴在桌底。我狼吞虎咽，将饺子吃出惊天动地的声音——那声音令母亲心安。

然后，毕业，我来到城市。那是最为艰难的几年，工作和一日三餐都没有着落。当我饿得受不住时，就会找个借口回家，然后在家里住上一阵子。一段时间以后，感觉伤疤已经长好，便再一次回到城市，再一次衣食无着——城市顽固地拒绝着一个来自乡村的只有职高文凭的腼腆的单纯的孩子——城市不近人情，高楼大厦令我恐惧而又向往。

“恐惧”是因为害怕城市再次拒绝“我”。“向往”是指“我”强烈渴望在城里找一份好工作。

回家，坐在门槛上，看母亲认真地煮面。母亲是从我迈进家门的那一刻开始忙碌的，她将一直忙碌到我再一次离开家门。几天时间里，她会不停地烙饼，她会在饼里放上糖，放上鸡蛋，放上葱花，放上咸肉，然后在饼面上沾上芝麻，印出美丽的花纹。那些烙饼是我回到城市的一日三餐，母亲深知城市并不像我描述的那么美好。可是她从来不问，母亲把她的爱和责任全都变成了饺子、烙饼和面。母亲看着我吃，沉默。沉默的母亲变得苍老，我知道这苍老，全是因为我。

起身的饺子落身的面，我真的不知道这样的风俗因何而来。也许，饺子属于“硬”食的一种吧，不仅好吃，而且耐饥，较适合吃完以后赶远路；而面，则属于“软”食的一种吧，不仅好吃，而且易于消化，较适合吃完以后休息。一次说给母亲听，母亲却说，这该是一种祝愿吧！“饺子”，交好运的意思；而“面”，意在长长久久。出门，交好运；回家，长长久久，很好的寓意。再图个什么呢？

想想母亲的话，该是有些道理的。平凡的人们，再图个什么？出门平安，回家长久，足够了。

母亲很少出门，自然，她没有机会吃到我们为她准备的“起身的饺子落身的面”。可是那一次，母亲要去县城看望重病的姑姑——本计划一家人同去的，可是因为秋收，母亲只好独行。头天晚上，我和父亲商量好，第二天一早会为母亲准备一盘饺子，可是当我们醒来，母亲早已坐上了通往县城的汽车。

母亲偶尔出门，却没吃上“我”和父亲包的饺子，鲜明的对比，突出母亲看似平常的举动中蕴含着对家人无限的爱。

头一天晚上，我几乎彻夜未眠。我怕不能够按时醒来，我怕母亲吃不到“起身的饺子”。然而我还是没能按时醒来，似乎刚打一个盹儿，天就亮了。可是，父亲的那些年月，我的那些年月，母亲却从来未曾忘记未曾耽误哪怕一次“起身的饺子”。很多时候，我想母亲已经超越了一个母亲的能力，她变成一尊神，将我和父亲守护。

然而她却是空着肚子走出家门的。家里

有她伺候了大半辈子的丈夫和儿子，却无人为她煮上一碗饺子。

起身的饺子落身的面。这习俗让我忧伤并且难堪。

母亲是在三天后回来的。归来的母亲疲惫异常。我发现她真的老了，这老在于她的神态，在于她的动作，而绝非半头的白发和佝偻的身体。走到院子里，母亲就笑了——她闻到了蛋花的香味、小葱的香味、木耳的香味、虾仁的香味——她闻到了“落身的面”。那笑，让母亲暂时变得年轻。

仔细品味母亲外出归来闻到“落身的面”的香味这一细节，感受平常生活中流淌的亲情。

母亲吃得很安静，很郑重。吃完一小碗，她抬起头，看看我和父亲。母亲说，挺好吃。

三个字，一句话，足够母亲和我们幸福并珍惜一生。

学习提示

过去，交通不便，外出不易，人们远行经常风餐露宿，家人殷殷期盼，祈愿平安。离家，吃饺子，交个好运；归家，吃面条，长长久久，这是人们生活中的仪式感。是啊，还有什么比这寓意更好的呢？出门时，带着家人的祝福起程；回来时，伴着家乡的味道入梦，该是件多么幸福的事啊！这些温馨的画面，承托着一个个温暖的家。

请选取文中打动你的地方反复朗读，标注朗读符号，读准语气、节奏，体会作者的情感，与作者一起品尝饺子与面的清香，感受家人传递的爱意与温暖。

1. 儿　女

⊙丰子恺

回想四个月以前，我突然地把小燕子似的一群儿女从上海的租寓中拖出，载上火车，送回乡间，自己仍回到租寓独居。

回想过去四个月的悠闲宁静的独居生活，在我也颇觉得可恋，又可感谢。然而一旦回到故乡的平屋里，被围在一群儿女的中间的时候，我又不禁自伤了。因为我那种生活，或枯坐，默想，或钻研，搜求，或敷衍[①]，应酬，比较起他们的天真、健全、活跃的生活来，明明是变态的，病的，残疾的。

有一个炎夏的下午，我回到家中了。第二天的傍晚，我领了四个孩子——九岁的阿宝、七岁的软软、五岁的瞻瞻、三岁的阿韦——到小院中的槐荫下，坐在地上吃西瓜。夕暮的紫色中，炎阳的红味渐渐消减，凉夜的青味渐渐加浓起来。微风吹动孩子们的细丝一般的头发，身体上汗气已经全消，百感畅快的时候，孩子们似乎已经充溢着欢喜，非发泄不可了。最初是三岁的

① 敷衍（fū yǎn）：做事不负责或待人不恳切，只做表面上的应付。

孩子的音乐的表现，他满足之余，笑嘻嘻摇摆着身子，口中一面嚼西瓜，一面发出一种像花猫偷食时候的声音来。这音乐的表现立刻唤起了瞻瞻的共鸣，他接着发表他的诗："瞻瞻吃西瓜，宝姊姊吃西瓜，软软吃西瓜，阿韦吃西瓜。"这诗的表现又立刻引起了七岁与九岁的孩子的散文的、数学的兴味：他们立刻把瞻瞻的诗句的意义归纳起来，报告其结果："四个人吃四块西瓜。"

于是我在心中评判他们的作品。我觉得阿韦的音乐的表现最为深刻而完全，最能全般表出他的欢喜的感情。瞻瞻把这欢喜的感情翻译为诗，已打了一个折扣；然尚带着节奏与旋律的分子，犹有活跃的生命流露着。至于软软与阿宝的散文的、数学的表现，比较起来更肤浅一层。然而看他们的态度，全部精神投入在吃西瓜的一事中，其明慧的心眼，比大人们所见的完全得多。天地间最健全者的心眼，只是孩子们的所有物，世间事物的真相，只有孩子们能最明确、最完全地见到。我比起他们来，真的心眼已经被世智尘劳所蒙蔽、所斫丧[①]，是一个可怜的残废者了。我实在不敢受他们"父亲"的称呼，倘然"父亲"是尊崇的。

我在平屋的南窗下暂设一张小桌子，上面按照一定的秩序而布置着，不喜欢别人来任意移动。我——我们大人——平常的举止，总是谨慎，细心，端详，斯文。故桌上的布置每日依然，不致破坏或扰乱。因为我的手足的筋觉已经由于屡受物理的教训而深深地养成一种谨惕的惯性了。然而孩子们一爬到我的案上，就

① 斫丧（zhuó sàng）：摧残；伤害。

捣乱我的秩序。他们拿起自来水笔来一挥，洒了一桌子又一衣襟的墨水点；他们用劲拔开毛笔的铜笔套，手背撞翻茶壶，壶盖打碎在地板上……这在当时实在使我不耐烦，我不免哼喝他们，夺脱他们手里的东西，甚至批他们的小颊。然而我立刻后悔：哼喝之后立刻继之以笑，夺了之后立刻加倍奉还，批颊的手在中途软却，终于变批为抚。因为我立刻自悟其非：我要求孩子们的举止同我自己一样，何其乖谬[①]！我——我们大人——的举止谨惕，是为了身体手足的筋觉已经受了种种现实的压迫而痉挛[②]了的缘故。孩子们尚保有天赋的健全的身手与真朴活跃的元气，岂像我们的穷屈？揖让进退、规行矩步[③]等大人们的礼貌，犹如刑具，都是戕贼这天赋的健全的身手的。于是活跃的人逐渐变成了手足麻痹[④]、半身不遂的残疾者。残疾者要求健全者的举止同他自己一样，何其乖谬！

儿女对我的关系如何？我心中常是疑惑不明，又觉得非常奇怪。我与他们完全是异世界的人，他们比我聪明、健全得多；然而他们又是我所生的儿女。这是何等奇妙的关系！世人以膝下有儿女为幸福，希望以儿女永续其自我，我实在不解他们的心理。我以为世间人与人的关系，最自然最合理的莫如朋友，朋友之

---

① 乖谬（miù）：荒谬反常。

② 痉挛（jìng luán）：肌肉紧张，不自主地收缩。多由中枢神经系统受刺激引起。

③ 规行矩步：指行动始终不离法度。形容言行谨慎小心，或墨守成规，不知变通。

④ 麻痹（bì）：身体某一部分的感觉能力和运动功能丧失，由神经系统的病变而引起。

情，实在是一切人情的基础。“朋，同类也。”并育于大地上的人，都是同类的朋友，共为大自然的儿女。

这小燕子似的一群儿女，是在人世间与我因缘最深的儿童，他们在我心中占有与神明、星辰、艺术同等的地位。

（有删改）

我国朝代名称的由来（一）

夏：禹原为夏后氏部落首领，因此禹的儿子启建立的奴隶制国家取名叫“夏”。

商：商部族的始祖契封于商（今河南商丘），所以酋长汤灭夏后以“商”为国名。后来传至盘庚时，将都城西迁到殷（今河南安阳），所以商朝也叫殷朝。

周：因周太王（古公亶父）曾居于岐山下的周原，所以武王姬发灭商后，就以“周”为国号，定都于镐京（位于今陕西省西安市长安区沣河以西）。传至周平王时，将都城迁至洛邑（今河南洛阳）。历史上将迁都前的这段时期称为西周，之后直至周朝灭亡的时期称为东周。

秦：秦国祖先被周孝王封于“秦”地（今甘肃天水一带），到秦始皇嬴政统一全国时，就以“秦”为国号。

2. 祖父、后园和我[①]

⊙萧　红

一到了后园里，立刻就另是一个世界了。决不是那房子里的狭窄的世界，而是宽广的，人和天地在一起，天地是多么大，多么远，用手摸不到天空。而土地上所长的又是那么繁华，一眼看上去，是看不完的，只觉得眼前鲜绿的一片。

一到后园里，我就没有对象地奔了出去，好像我是看准了什么而奔去了似的，好像有什么在那儿等着我似的。其实我是什么目的也没有。只觉得这园子里边无论什么东西都是活的，好像我的腿也非跳不可了。

若不是把全身的力量跳尽了，祖父怕我累了想招呼住我，那是不可能的，反而他越招呼，我越不听话。

等到自己实在跑不动了，才坐下来休息，那休息也是很快的，也不过随便在秧子上摘下一个黄瓜来，吃了也就好了。

休息好了又是跑。

① 节选自《呼兰河传》，题目为编者所加。

樱桃树，明是没有结樱桃，就偏跑到树上去找樱桃。李子树是半死的样子了，本不结李子的，就偏去找李子。一边在找，还一边大声地喊，在问着祖父："爷爷，樱桃树为什么不结樱桃？"

祖父老远地回答着："因为没有开花，就不结樱桃。"

再问："为什么樱桃树不开花？"

祖父说："因为你嘴馋，它就不开花。"

我一听了这话，明明是嘲笑我的话，于是就飞奔着跑到祖父那里，似乎是很生气的样子。等祖父把眼睛一抬，他用了完全没有恶意的眼睛一看我，我立刻就笑了。而且是笑了半天的工夫才能够止住，不知哪里来了那许多的高兴。把后园一时都让我搅乱了，我笑的声音不知有多大，自己都感到震耳了。

后园中有一棵玫瑰。一到五月就开花的。一直开到六月。花朵和酱油碟那么大。开得很茂盛，满树都是，因为花香，招来了很多的蜂子，嗡嗡地在玫瑰树那儿闹着。

别的一切都玩厌了的时候，我就想起来去摘玫瑰花，摘了一大堆把草帽脱下来用帽兜子盛着。在摘那花的时候，有两种恐惧，一种是怕蜂子的勾刺人，另一种是怕玫瑰的刺刺手。好不容易摘了一大堆，摘完了可又不知道做什么了。忽然异想天开，这花若给祖父戴起来该多好看。

祖父蹲在地上拔草，我就给他戴花。祖父只知道我是在捉弄他的帽子，而不知道我到底是在干什么。我把他的草帽给他插了一圈的花，红通通的二三十朵。我一边插着一边笑，当我听到祖父说：

“今年春天雨水大，咱们这棵玫瑰开得这么香。二里路也怕闻得到的。”

就把我笑得哆嗦起来。我几乎没有支持的能力再插上去。等我插完了，祖父还是安然的不晓得。他还照样地拔着垄[1]上的草。我跑得很远地站着，我不敢往祖父那边看，一看就想笑。所以我借机进屋去找一点吃的来，还没有等我回到园中，祖父也进屋来了。

那满头红通通的花朵，一进来祖母就看见了。她看见什么也没说，就大笑了起来。父亲母亲也笑了起来，而以我笑得最厉害，我在炕上打着滚笑。

祖父把帽子摘下来一看，原来那玫瑰的香并不是因为今年春天雨水大的缘故，而是那花就顶在他的头上。

他把帽子放下，他笑了十多分钟还停不住，过一会一想起来，又笑了。

祖父刚有点忘记了，我就在旁边提着说：“爷爷……今年春天雨水大呀……”

一提起，祖父的笑就来了。于是我也在炕上打起滚来。

就这样一天一天的，祖父，后园，我，这三样是一样也不可缺少的了。

---

① 垄（lǒng）：在耕地上培成的一行一行的土埂，在上面种植农作物。

3. 父子应是忘年交

⊙冯骥才

儿子考上大学时，闲话中提到费用，他忽然说："从上初中开始，我一直用自己的钱缴的学费。"

我和妻子都吃一惊。我们活得又忙碌又糊涂，没想到这种事。我问他："你哪来的钱？"

"平时的零花钱，还有以前过年时的压岁钱，攒的。"

"你为什么要用自己的钱呢？"我犹然不解。

他不语。事后妻子告诉我，他说："我要像爸爸那样，一切都靠自己。"

于是我对他肃然起敬，并感到他一下子长大了。那个整天和我踢球、较量、打闹并被我爱抚地捉弄着的男孩儿已然倏忽远去。人长大，不是身体的放大，不是唇上出现的软髭[1]和颈下凸起的喉结，而是一种成熟，一种独立人格的出现。但究竟他是怎样不声不响、不落痕迹地渐渐成长，忽然一天这样地叫我惊讶，

① 髭（zī）：嘴上边的胡子。

叫我陌生？是不是我的眼睛太多关注于人生的季节和社会的时令，关注那每一朵嫩苞一节枯枝一块阴影和一片容光，关注笔尖下每一个细节的真实和每一个词语的准确，因而忽略了日日跟在身边却早已悄悄发生变化的儿子？

我把这感觉告诉给朋友，朋友们全都笑了，原来在所有的父亲心目里，儿子永远是夹生的。

对于天下的男人们，做父亲的经历各不一样，做父亲的感觉却大致相同。

这感觉一半来自天性，一半来自传统。

1976年大地震那夜，我睡地铺。“地动山摇”的一瞬，我本能地一跃而起，扑向儿子的小床，把他紧紧拥在怀里，任凭双腿全被乱砖乱瓦砸伤。事后我逢人便说自己如何英勇地捍卫[1]了儿子，那份得意，那份神气，那份英雄感，其实是一种自享。享受一种做父亲尽天职的快乐。父亲，天经地义是家庭和子女的保护神。天职就是天性。

至于来自传统的做父亲的感觉，便是长者的尊严，教导者的身份，居高临下的视角与姿态……每一代人都从长辈那里感受这种父亲的专利，一旦他自己做了父亲就将这种专利原原本本继承下来。

这是一种“传统感觉”，也是一种“父亲文化”。

① 捍（hàn）卫：保卫。

我们就是在这一半天性一半传统中，美滋滋又糊里糊涂做着父亲，自以为对儿子了如指掌，一切一切，尽收眼底，可是等到儿子一旦长大成人，才惊奇地发现自己竟然对他一无所知。最熟悉的变为最陌生，最近的站到了最远，对话忽然中断，交流出现阻隔。弄不好还可能会失去了他。人们把这弄不明白的事情推给“代沟[①]”这个字眼儿，却不清楚：每个父亲都会面临重新与儿子相处的问题。

我想起，我的儿子自小就不把同学领到狭小的家里来玩儿，怕打扰我写作，我为什么不把这看作是他对我工作的一种理解与尊重？他也没有翻动过我桌上的任何一片写字的纸，我为什么没有看到文学在他心里也同样的神圣？我由此还想起，照看过他的一位老妇人说，他从来没有拉过别人的抽屉，对别人的东西产生过好奇与眼羡……当我把这些不曾留意的许多细节，与他中学时就自己缴学费的事情串联一起，我便开始一点点向他走近。

他早就有一个自己的世界，里边有很多发光的事物，直到今天我才探进头来。

被理解是一种幸福，理解人也是一种幸福。

当我看到了他独立的世界和独立的人格，也就有了与他相处的方式。

对于一个走向成年的孩子，千万不要再把他当作孩子，而要

---

①代沟：指两代人之间在价值观念、心理状态、生活习惯等方面的差异。

把他当作一个独立的男人。

我开始尽量不向他讲道理，哪怕这道理千真万确，我只是把这道理作为一种体会表达出来而已。他呢？也只是在我希望他介入我的事情时，他才介入进来。我们对彼此的世界，不打扰，不闯入，不指手画脚，这才是男人间的做法。我深知他不喜欢用语言张扬情感，崇尚行动的本身；他习惯于克制激动，同时把这激动用隐藏的方式保留起来。我们的性格刚好相反，我却学会用他这种心领神会的方式与他交流。比方我在书店买书时，常常会挑选几本他喜欢的书，回家后便不吭声地往他桌上一放。他也是这样为我做事。他不喜欢添油加醋的渲染，而把父子之情看得天地一样的必然。如果这需要印证，就去看一看他的眼睛——儿子望着父亲的目光，总是一种彻底的忠诚。

所以，我给他所翻译的埃里克·奈特那本著名的小说《好狗莱希》（又名《莱希回家了》）写的序文，故意用了这样一个题目：忠诚的价值胜过金子。

儿子，在孩提时代是一种含义。但长大成人后就变了，除去血缘上的父子关系之外，又是朋友，是一个忘年交。而只有真正成为这种互为知己的忘年交，我们才获得完满的做父亲的幸福，才拥有了实实在在又温馨完美的人生。

1996.6 天津

4. 用什么来报答母爱

⊙周国平

母亲八十三岁了，依然一头乌发，身板挺直，步伐稳健。人都说看上去也就七十来岁。父亲去世已满十年，自那以后，她时常离开上海的家，到北京居住一些日子。不过，不是住在我这里，而是住在我妹妹那里。住在我这里，她一定会觉得寂寞，因为她只能看见这个儿子整日坐在书本或电脑前，难得有一点别的动静。母亲终归需要有人跟她唠唠家常，而我不能使她满足。

在我的印象里，母亲的一生平平淡淡，做了一辈子家庭主妇。当然，这个印象不完全准确，在家务中老去的她也曾有过如花的少女时代。很久以前，我在一本家庭相册里看见过她早年的照片，秀发玉容，一派清纯。她出生在上海一个职员的家里，家境小康，住在钱家塘，即后来的陕西路一带，是旧上海一个比较富裕的街区。现在回想起来，那时母亲还年轻，喜欢对我们追忆钱家塘的日子，她当年与同街区的一些女友结为姐妹，姐妹中有一人日后成了电影明星，相册里有好几张这位周曼华小姐亲笔签名的明星照。看着照片上的这个漂亮女人，少年的我暗自激动，仿佛隐约感觉到了母亲从前的青春梦想。

曾几何时，那本家庭相册失落了，母亲也不再提起钱家塘的日子。在我眼里，母亲作为家庭主妇的定位习惯成自然，无可置疑。她也许是一个有些偏心的母亲，喜欢带我上街，买某一样小食品让我单独享用，叮嘱我不要告诉别的子女。可是，渐渐长大的儿子身上忽然发生了一种变化，不肯和她一同上街了，即使上街也偏要离她一小截距离，不让人看出母子关系。那大约是青春期的心理逆反现象，但当时却惹得她十分伤心，多次责备我看不起她。再往后，这些小插曲也在岁月里淡漠了，唯一不变的是一个围着锅台和孩子转的母亲形象。后来，我到北京上大学，然后去广西工作，然后考研究生重返北京，远离了上海的家，与母亲见面少了，在我脑中定格的始终是这个形象。

最近十年来，因为母亲时常来北京居住，我与她见面又多了。当然，已入耄耋[①]之年的她早就无须围着锅台转了，她的孩子们也都有了一把年纪。望着她皱纹密布的面庞，有时候我会心中一惊，吃惊她的一生过于简单。她结婚前是有职业的，自从有了第一个孩子，便退职回家，把五个孩子拉扯大成了她一生的全部事业。等我自己有了孩子，才明白把五个孩子拉扯大哪里是简单的事情。但是，我很少听见她谈论其中的辛苦，她一定以为这种辛苦是人生的天经地义，不值得称道也不需要抱怨。

① 耄耋（mào dié）：指老年；高龄。

作为由她拉扯大的儿子，我很想做一些令她欣慰的事，也算一种报答。她知道我写书，有点小名气，但从未对此表现出特别的兴趣。直到不久前，我有了一个健康可爱的女儿，当我女儿在她面前活泼地戏耍时，我才看见她笑得格外的欢。自那以后，她的心情一直很好。我知道，她不只是喜欢小生命，也是庆幸她的儿子终于获得了天伦之乐。在她看来，这比写书和出名重要得多。

母亲毕竟是母亲，她当然是对的。在事关儿子幸福的问题上，母亲往往比儿子自己有更正确的认识。倘若普天下的儿子们都记住母亲真正的心愿，不是用野心和荣华，而是用爱心和平凡的家庭乐趣报答母爱，世界和平就有了保障。

我国朝代名称的由来（二）

汉：因汉高祖刘邦在秦末农民战争中曾被西楚霸王项羽封为汉王，所以在公元前202年，刘邦建立的政权就称为“汉”。

晋：司马昭被魏帝曹奂封为晋公，后加封为晋王。他的儿子司马炎（武帝）建国后，以“晋”为国号。

隋：因隋文帝杨坚曾被封为隋王，故581年杨坚废掉9岁的周静帝而称帝后，就将其王朝定名为“隋”。

唐：因唐高祖李渊在隋朝为官时，被封为唐国公，所以他在618年建立的政权就称为“唐”。

5. 生命的延续

⊙苏叔阳

我是个不折不扣的老孩子。我常常忘掉我的年龄，忽略我的满头白发。我也不常想起我得了要命的病，总觉得衰老与死亡属于遥远复遥远的未来。我习惯了自己有两个强壮的儿子，感觉自己也同他们一样强壮，好像永久地停留在男人岁月的华彩乐章——美妙的壮年。直到我有了一个孙子，一个俊秀活泼的孙子，这才切切实实地提醒我：我正在走向老年。这小子，是我生命的惊叹号！

三年前，我被查出患了癌症。其时，我的已过而立之年的长子正在恋爱。我今日的亲家，完完全全出于好意，催我的儿子和他的女儿赶快成婚，及早生子，好让我在有生之日看到接辈人。这是祖传的观念，四世同堂之福我或许享不到了，但三世同堂却可以抓紧办成。想到我弥留之际，用颤抖的手指摸摸新生孙儿细嫩的皮肤，让一丝慰藉、满足的笑纹儿凝固在脸上，也是一种凄婉的美。那时，我必毫无怨尤地同这世界告别。到今天，我依旧满含敬意地向我的亲家兄致谢。

可是，真怪，我竟在刀下活过来了。已经三年，尚无去意，那幅凄美的画面一时还不能完成。可我的小孙子却已经半岁多了，他那活泼可爱的小模样儿，让我心里漾起从未有过的幸福。

更奇妙的是，我的孙子竟然同我共一个生辰，都是10月13日生而为人。

他的预产期本是1996年10月9日。那时，我正破天荒地担任第十六届中国电影金鸡奖评委会主任，在昆明被封闭起来，断绝了与外界的联系。我只好违纪借别人的手机打电话询问儿媳的状况。谁知这小子久久地不愿出生，违背了科学的预测，不知在等什么。13日上午，我在宣布了获奖名单之后，顾不上种种庆祝活动，就飞回北京，过我自己的生日（我已经有好多个生日不在家中过了）。谁知中午一到家，“老伴”（很不习惯这样称呼我的当家人）就高兴地告诉我：“你有了一个孙子，今天上午生的，他等着和你同一个生日呢！”我的心立即乐开了花。

祖孙共一个生辰，这种或然率不高，竟然让我赶上了，于是我觉得似乎冥冥之中有股神秘的力量，好像这孩子是我生命的延长，他专等着这一天降临人世，是为了替我扯长生命让我再活泼几年，干出点什么事情来。他的父亲——我的儿子——和我共一个属相，我与我的母亲也共一个属相，三代属虎，而孙子又和我同一天过生日，这巧合或许是种福兆。

有了这孙子，我的心情有了巨大的变化。总想亲亲他的小脸儿，内心里有股憋不住的喜悦与美滋滋的热流。他不在身边时，就把他的照片置在案头，笑眯眯地看，总也不厌烦。正准备结婚的二儿子悄悄问我："爸，说实话，看着孙子，你有什么感觉？"

为人父才知父母恩，为人祖才懂老人心。我如今才体会到祖父母、外祖父母们对孙儿女、外孙儿女的那极尽呵护总觉不足，百般珍爱又怜惜的心。亲家患有心脏病，可抱起外孙来，万病皆无，他对我说："看着他哪儿都好，没一点儿不是。"我过去听见别人的孩子哭，总是心烦，连电影里的孩子哭都不喜欢。现在怪了，孙子的哭声竟然不让我烦，反倒跑过去看，去听，去抱抱他（他平时可极不爱哭），任他尿湿我的衣裤，心里还甜乎乎的。难怪二儿子说："这小子是我爸心里第一大红人。"

我觉得他是上天赐给我的生命的酬劳。在我辛苦坎坷的一生中，上天——倘真有——将他赠给我，来回报我对生活的真诚。正如我们兄妹的努力长进是对我母亲的回报一样，我觉得，他是上天给我的慰藉，或许借助他新鲜的生命来挽救我的绝症，让我在生死交叉线上站起来，再向生活的深处前行。我将有又一双黑眼睛来复印每一个更美丽的黎明。他的笑多么甜美纯净啊，如一股清新的风，扫荡所有的愁苦与混浊。我愿有他那双眼，一切都是一次发现，一切都是一次升腾。

我有了一个如我初生时那般模样的孙儿，但我依旧不觉得老已来临。当他的小手抓扯我的白发，我觉得他是在撕去我过往生活的沉重与悲苦，将强壮又发还给我。我将是一个华发的少年，我将还能歌唱，歌唱一切未来的和已有的故事。

我不想预言他的未来。他的路属于他自己，但我知道，我的心即便停止了跳动，也会溶解在他的心跳中，他将用一双属于自己的脚，从我的身上跨越过去，走向我所期望而又未曾获得的风景，那时，我会在他的目光里微笑。

孙子的出世和一天天的成长，让我有了那么多微妙的心态，我只是不觉得衰老。我在重病时，曾给自己立下一条戒律：“能动弹绝不站着；能站着绝不坐着；能坐着绝不躺着。”这戒律让我迅速从病榻上起来。有了第三代，我将重新施行这戒律，尽一切可能在生活的力所能及的领域里奔跑，让生命去燃烧，因为燃烧是美丽的，何况我有了一个延长了的生命。

真的，强壮的生命是可爱的！

6. 怀念母亲

⊙鹿耀世

我爱我的母亲，也喜爱《烛光里的妈妈》这首歌，每当想起故去的满头银发的母亲，耳畔便隐隐传来歌曲那深情优美的旋律，历历往事也涌上心头……

母亲出身于旧知识分子家庭，生得端庄秀丽，且聪颖好学，毕业于北平一所女子师范学校。由于受封建思想约束和老人拖累，婚后没能走向社会，实现自己的抱负。后来，陆续有了我们四个子女，就逐渐成了一名家庭妇女。母亲是个善良的人，不仅知书达理，和亲友邻里十分和睦，而且勤劳节俭，把全家料理得井井有条。20世纪50年代初，她这样的文化人街道上不多，所以，什么爱委会、扫盲班、缝纫组啦，都要找她帮忙，拟个发言、画个表格、写个通知什么的，三天两头老有个事儿。一次，上边下来工作组，有个上岁数的女干部看了母亲写的总结材料，惊奇地说："你字写得这么端正，文笔这么好，为什么不参加工作？"一句话触动了母亲的心事，接着，这位干部又主动提出愿意为她联系此事。晚饭后，我母亲小心地和父亲、奶奶商量，奶奶半天不言语，父亲边抽烟边叹气。是啊，妇女自立是好事，可这一大家子人怎么办？母亲只好死了心。后来，母亲对我提起这段往事，也不无遗憾。

当年，我家住在北京东城后拐棒胡同一座小四合院里。母亲在院里开辟了几块小菜畦，种的青椒、扁豆、西红柿长得特好。那年月，平民们家家自己泡酸菜、腌咸菜，自己扯布做衣服。拾掇出布头、旧布，还要用铺板打袼褙①纳鞋底，自制布鞋、棉鞋。每年春末，榆树一片碧绿时，母亲常常叫我们上房捋榆钱儿，然后和上面糊，蒸熟，配好调料，直吃得我和弟弟妹妹们心里乐得开了花。每天下厨，母亲围裙一系，袖子一挽，仿佛心中有现成的南北菜谱，会麻利地烹调出各种家常美味。我上中学的时候，有时回到家一喊："我饿了！"母亲就忙不迭地摊张小饼、抹点麻酱，或做点拨鱼儿、撒点香菜，先填饱我这只"馋猫"。母亲看着我贪吃的笑容和那满嘴喷香的滋味儿，真是一生难忘……当时在北影厂当导演的舅舅陈方千常约同事们来吃便饭。有一天，谢添、李唐、刘柳、莽一萍都来了，谢添刚进院就喊："老姐姐，我可都闻着香味了！"每到这时，家里就热闹起来了。饭前是海阔天空神聊，饭后是即兴文艺演出；专业演员们的节目完了，由父亲操琴、母亲清唱的业余演出就算压轴了。舅舅常说，老姐姐凭这嗓子，再一扮

① 褙（bèi）：把布或纸一层一层地粘在一起。

相，震了！我从小学会的几个京剧选段，也是母亲一板一眼地亲传哩！说起演戏，母亲虽然一直没有“下海”，但天分好得令人赞叹。她在和亲友聊天或对孩子们讲述市井见闻时，那绘声绘色的声音和幽默风趣的表情，十分动人。有时母亲兴致一来，模仿起胡同里某个常见的熟人，会笑得我们大呼小叫，半天直不起腰来。

我成了大孩子以后，就和弟妹们分开，每天在外屋搭铺睡觉了。有时一觉醒来，总看到母亲在缝纫机上或灯下忙着，仿佛琐碎的家务总也干不完。记得有一天半夜醒来，只见月光如水泻在小院里，母亲正在灯下给我的裤子打补丁，一圈圈的图案，好像小石子投入水中漫开的涟漪①，匀称极了，好看极了。母亲俯着身子低着头，一绺②乌发和机头上的丝线，在灯下闪着柔美的光……成年以后，我已不再穿打补丁的衣服，也不再搭铺了，可母亲经常熬夜的情景和每天搭床的三块铺板还记忆犹新。我忘不了母亲那在针线笸箩里让顶针磨粗的手，在洗衣盆中让碱水泡白的手，在咸菜缸中让冰水浸裂的手……

母亲为了一家人的幸福，几十年来毫不惜力地苦自己，早早地就腰弯背驼、视力锐减、疾病缠身了。在母亲七十寿辰那天，我送给她一盘录有《烛光里的妈妈》这支歌的磁带。当那深情的歌声响起的时刻，母亲欣慰地微笑了。我望着母亲那苍老的面

① 涟漪（lián yī）：细小的波纹。

② 绺（liǔ）：线、麻、头发、胡须等许多根顺着聚在一起叫一绺。

容和稀疏的白发，衷心祝愿普天之下的母爱能塑造千千万万颗爱心，造福社会、家庭，滋润子孙万代。

我国朝代名称的由来（三）

宋：因宋太祖赵匡胤在夺取政权前，为后周宋州节度使，故而他在960年陈桥驿兵变、黄袍加身后，将所建立的政权称为“宋”。

元：元世祖忽必烈取《易经》中“大哉乾元”之句，将其政权称为“元”，以表示无比强大之意。

明：源于官职名，朱元璋原是农民起义军中小明王的部将，后害死小明王，承其国号为“明”。

清：初称后金，1616年努尔哈赤所建。1636年，其子皇太极即位，改“金”为“清”。而改名原因，史学家有不同意见，有人认为是皇太极为了避免引起尖锐的矛盾。

单元学习任务

任务一

美文共欣赏。如果让你从本单元文章中选择一篇分享到社交平台，你会选择哪篇文章？请为你选择的文章写一段推荐语。

发表

这一刻的想法……

转发内容：

所在位置：

提醒谁看：

谁可以看：

任务二

班级准备举行“挚爱亲情”分角色朗读比赛，请你选择本单元文章中的某个情节，设计“朗读脚本”并担任“指导老师”。

朗读脚本	指导建议

任务三

本单元文章中的父子、母子、祖孙等亲情，深深地感动着我们，也引发了我们更深入的思考，比如在沐浴祖辈、父辈关爱的同时，我们应该如何回馈？请选择一个关键词说说你的思考。

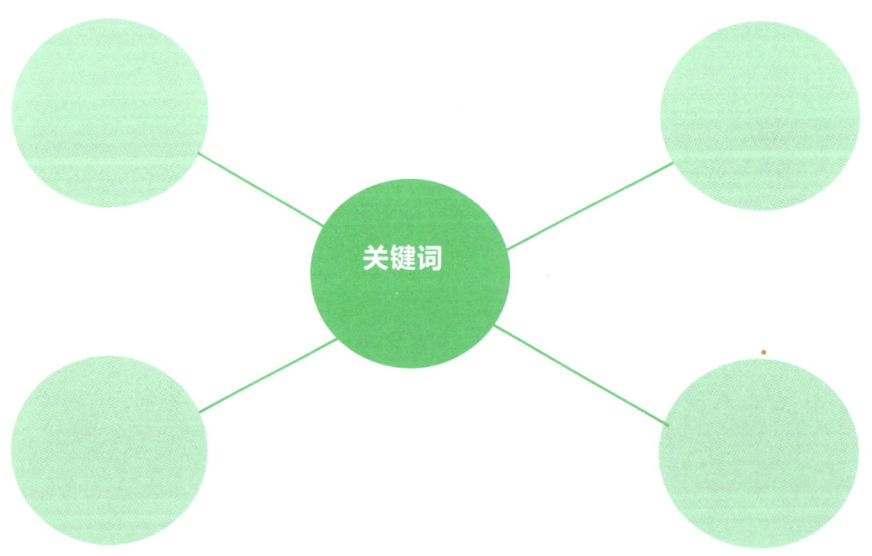

诗情爱意

世界上最美的声音，是母亲的呼唤。世界上有一种至爱，沉浸于万物之中，充盈于天地之间，那是母爱。母爱如诗，让人如痴如醉；母爱如书，让人品读不尽；母爱如画，让人赏心悦目；母爱如茶，让人回味悠长……如此伟大的母爱，我们要如何去歌颂呢？如此充沛的情感，我们应如何去表达呢？泰戈尔选择了告别的场景，舒婷珍藏了一条围巾，汪国真则徜徉在母亲心灵的广场……

反复朗读本单元诗文，确定作品的感情基调，把握语言风格，品味诗文韵味；结合朗读技巧进行朗读设计，标注重音、停连、语气、节奏等朗读符号，并以此进行朗读实践。

1. 泰戈尔诗二首

⊙〔印度〕泰戈尔

云与波

妈妈，住在云端的人对我唤道——

“我们从醒的时候游戏到白日终止。”

“我们与黄金色的曙光游戏，我们与银白色的月亮游戏。”

我问道：“但是，我怎么能够上你那里去呢？”

他们答道：“你到地球的边上来，举手向天，就可以被接到云端里来了。”

“我妈妈在家里等我呢，”我说，“我怎么能离开她而来呢？”

于是，他们微笑着浮游而去。

但是我知道一件比这个更好的游戏，妈妈。

我做云，你做月亮。

我用两只手遮盖你，我们的屋顶就是青碧的天空。

住在波浪上的人对我唤道——

“我们从早晨唱歌到晚上；我们前进又前进地旅行，也不知我们所经过的是什么地方。”

我问道：“但是，我怎么才能加入你们的队伍呢？”

他们告诉我说：“来到岸旁，站在那里，紧闭你的两眼，你就被带到波浪上来了。”

我说：“傍晚的时候，我妈妈常要我在家里——我怎么能离开她而去呢？”

于是，他们微笑着，跳着舞奔流过去。

但是我知道一件比这更好的游戏。

我是波浪，你是陌生的岸。

我奔流而进，进，进，笑哈哈地撞碎在你的膝上。

世界上就没有一个人会知道我们俩在什么地方。

告　别

是我走的时候了，妈妈；我走了。

当清寂的黎明，你在暗中伸出双臂，要抱你睡在床上的孩子时，我要说道：“孩子不在那里呀！”——妈妈，我走了。

我要变成一股清风抚摸着你；我要变成水中的涟漪，当你浴时，把你吻了又吻。

大风之夜，当雨点在树叶上淅沥时，你在床上会听见我的微语；当电光从开着的窗口闪进你的屋里时，我的笑声也偕了它一同闪进了。

如果你醒着躺在床上，想你的孩子到深夜，我便要从星空向你唱道："睡呀！妈妈，睡呀！"

我要坐在各处游荡的月光上，偷偷地来到你的床上，趁你睡着时，躺在你的胸上。

我要变成一个梦儿，从你的眼皮的微缝中，钻到你的睡眠的深处，当你醒来吃惊地四望时，我便如闪耀的萤火似的熠熠地向暗中飞去了。

当普耶节日[①]，邻舍家的孩子们来屋里游玩时，我便要融化在笛声里，整日价在你心头震荡。

亲爱的阿姨带了普耶礼来，问道："我们的孩子在哪里，姊姊？"妈妈，你将要柔声地告诉她："他呀，他现在是在我的瞳仁里，他现在是在我的身体里，在我的灵魂里。"

（郑振铎/译）

---

①普耶节日：普耶，意为"祭神大典"，这里的"普耶节日"，是指印度十月间的"难近母祭日"。

2. 冰心诗六首①

⊙冰　心

（一）

造物者——
　倘若在永久的生命中
　　只容有一次极乐的应许。
我要至诚地求着：
“我在母亲的怀里，
母亲在小舟里，
小舟在月明的大海里。”

（二）

母亲呵！
天上的风雨来了，

① 本文所选诗歌出自冰心诗歌集《繁星》《春水》。

鸟儿躲到它的巢里；
心中的风雨来了，
我只躲到你的怀里。

(三)

母亲呵！
撇开你的忧愁，
容我沉酣在你的怀里，
只有你是我灵魂的安顿。

(四)

小小的花
也想抬起头来，
感谢春光的爱——
然而深厚的恩慈，
反使她终于沉默。
母亲呵！
你是那春光么？

(五)

这些事——
是永不漫灭的回忆；

月明的园中，
　藤萝的叶下，
　　母亲的膝上。

（六）

母亲呵！
这零碎的篇儿，
　你能看一看么？
这些字，
　在没有我以前，
　已隐藏在你的心怀里。

姓氏的由来（一）

据考证，最早的姓可以追溯到母系氏族社会，当时的人由于血缘关系的不同，也会分为若干氏族，每一个氏族都有一个族号，这个族号就是“姓”。不过当时还没有文字，“姓”也只是在口头上流传。经历了无数世代，开始有文字记载以后才有了现在的“姓”字。“姓”字的古形字是“人”和“生”组成的，意为人所生，因生而为姓。《说文解字》说：“姓，人所生也。古之神圣母，感天而生子，故称天子。从女从生，生亦声。”

3. 啊，母亲

⊙舒　婷

你苍白的指尖理着我的双鬓，
我禁不住像儿时一样
　　紧紧拉住你的衣襟。
啊，母亲，
为了留住你渐渐隐去的身影，
虽然晨曦已把梦剪成烟缕，
我还是久久不敢睁开眼睛。

我依旧珍藏着那鲜红的围巾，
生怕浣洗会使它
　　失去你特有的温馨。
啊，母亲，
岁月的流水不也同样无情？
生怕记忆也一样褪色啊，

我怎敢轻易打开它的画屏？

为了一根刺我曾向你哭喊，
如今戴着荆冠，我不敢，
　　一声也不敢呻吟。
啊，母亲，
我常悲哀地仰望你的照片，
纵然呼唤能够穿透黄土，
我怎敢惊动你的安眠？

我还不敢这样陈列爱的礼品，
虽然我写了许多支歌
　　给花、给海、给黎明。
啊，母亲，
我的甜柔深谧的怀念，
不是激流，不是瀑布，
是花木掩映中唱不出歌声的古井。

4. 母亲的爱

⊙汪国真

我们也爱母亲
却和母亲爱我们不一样
我们的爱是溪流
母亲的爱是海洋

芨芨草[1]上的露珠
又圆又亮
那是太阳给予的光芒
四月的日子
半是烂漫　半是辉煌
那是春风走过的地方

① 芨（jī）芨草：多年生草本植物，叶子狭长，花淡绿或紫色。生长在碱性土壤的草滩上，是良好的固沙耐碱植物。

我们的欢乐
是母亲脸上的微笑
我们的痛苦
是母亲眼里深深的忧伤
我们可以走得很远很远
却总也走不出　母亲心灵的广场

姓氏的由来（二）

商周以前，“姓”用以区别婚姻，故有同姓、异姓、庶姓之说。中国最早的姓都带有“女”字，如姬、姜、姒、姒等，姓是由母权制社会中妇女的地位所决定的，其作用就是便于通婚与鉴别子孙后代的归属。“氏”用以区别贵贱，贵者有氏，而贫贱者有名无氏。同氏不同姓，可通婚姻；同姓不可通婚。西汉时期，姓和氏的区别已经微乎其微，后来就逐渐将姓和氏混为一谈，成为不可分割的词了。

5. 今生今世

——写给母亲

⊙余光中

今生今世
我最忘情的哭声有两次
一次，在我生命的开始
一次，在你生命的告终
第一次，我不会记得，是听你说的
第二次，你不会晓得，我说也没用
但两次哭声的中间啊
有无穷无尽的笑声
一遍一遍又一遍
回荡了整整三十年
你都晓得，我都记得

6. 致我的母亲

⊙〔德国〕歌德

已经很久，没有给你写信，
没有向你致以问候，
可是，别心生疑惑，
以为儿子对你应有的深情，
已从他胸中溜走。
不，就像那巨岩
永远深深埋在河床里，
无论是河水用激浪冲刷，
还是以柔波将它轻抚、淹没，
都动摇不了它，
我对你的深情也长存于胸，
一样不怕生活的激流
用痛苦将它狠命抽打，
或以欢乐静静抚弄它，

遮盖它，妨碍它，
使它不能迎着太阳昂起头，
承受周遭阳光的反射，
并时时表现儿子对你的挚爱。

（杨武能/译）

姓氏的由来（三）

姓氏在形成上也很有意思，有的以古国名为姓，如夏、商、周等；有的以城邑名为姓，如詹、鲍等；有的以先人名或字为姓，如高、刁等；有的以职官名称为姓，如史、司徒、司寇等；有的以职业技艺为姓，如巫、屠、优、卜等。

中国人的姓氏，古代最早统计是408个单姓，76个复姓，记载在宋代成书的《百家姓》中。目前中国究竟有多少个姓呢？现代人编的《中国姓氏汇编》收5730个姓，《中华姓氏大辞典》收入11969个姓。据专家估计，我国实际使用过的姓氏大约有18000个。

聪慧少年

自古英雄出少年。漫步历史长廊，多少英雄豪杰在少年时代已绽放异彩，多少文坛巨擘在少年时代已崭露头角，他们才华横溢，意气风发，踏一路青春萍踪，采一路韶华芳菲，终名垂青史，万古流芳。是哪些品格成就了他们？“以铜为镜，可以正衣冠；以人为镜，可以明得失。”这就是古人送给我们最好的礼物。今朝少年郎，应以勤奋作帆，智慧作舟，徜徉于梦想之海。

本单元这组短小的文言文选自笔记小说《世说新语》，展现了少年的聪慧，阅读时注意感受古代儿童的聪慧机敏和良好的家庭教养。初学文言文，一定要重视诵读。要反复诵读，培养文言语感。还要积累文言词汇，借助注释和工具书疏通文义，整体把握文章的内容和大意。

1. 小时了了，大未必佳[①]

⊙〔南朝宋〕刘义庆

孔文举[②]年十岁，随父到洛。时李元礼有盛名，为司隶校尉。诣门[③]者皆俊才清称及中表[④]亲戚，乃通。文举至门，谓吏曰："我是李府君[⑤]亲。"既通，前坐。元礼问曰："君与仆[⑥]有何亲？"对曰："昔先君仲尼与君先人伯阳有师资之尊[⑦]，是仆与君奕世[⑧]为通好也。"元礼及宾客莫不奇之。

---

① 选自《世说新语·言语》，题目为编者所加。了了，聪明。

② 孔文举：孔融（153—208），字文举，东汉末年文学家，"建安七子"之一，有家学渊源，为孔子的第二十世孙。

③ 诣门：登门。诣，到……去。

④ 中表：古代称父亲姐妹的儿女为外表，母亲兄弟姐妹的儿女为内表，合称中表。

⑤ 李府君：李元礼。

⑥ 仆：古代男子对自己的谦称。

⑦ 昔先君仲尼与君先人伯阳有师资之尊：过去我的祖先孔子和您的祖先老子有师徒之称。先君，祖先（下文"先人"同义）。仲尼，孔子，名丘，字仲尼。伯阳，老子，姓李，名耳，字伯阳。

⑧ 奕世：累世，一代接一代。

太中大夫陈韪后至，人以其语语[①]之，韪曰：“小时了了，大未必佳。”文举曰：“想君小时，必当了了。”韪大踧踖[②]。

译文

孔文举十岁的时候，随父亲到洛阳。当时李元礼名气很大，是司隶校尉。到他家去做客的人，只有那些才华出众、有清高称誉的人以及他的中表亲戚，守门的小吏才给通报。孔文举到了他家门前，对小吏说：“我是李府君的亲戚。”通报后，和主人一起坐下来。李元礼问：“您和我有什么亲戚关系？”孔文举回答说：“过去我的祖先仲尼和您的祖先伯阳有师徒之称，所以我和您是世世代代友好往来的亲戚关系。”李元礼和他的那些宾客没有一个不对他的话感到惊奇的。太中大夫陈韪后来才到，别人就把孔文举说的话告诉他，陈韪说：“小的时候很聪明，长大了未必很有才华。”孔文举听后说：“我猜想您小的时候一定很聪明吧。”陈韪非常尴尬。

学习提示

一次拜访，两句妙语，让少年孔融的机敏聪颖跃然纸上。他先巧用“孔子问礼于老子”的典故，解释自己与府君的“亲戚关系”，不可谓不机敏。而后“以子之矛，攻子之盾”，反驳陈韪的刁难，更表现出他的聪颖。

请找出文中的谦辞，并尝试用不同的声音表达人物不同的语气。

---

① 语（yù）：告诉。

② 踧踖（cù jí）：恭敬而不安的样子。

2. 宾客诣陈太丘宿[①]

⊙〔南朝宋〕刘义庆

宾客诣陈太丘宿，太丘使元方、季方炊[②]。客与太丘论议，二人进火，俱委而窃听。炊忘著[③]箅[④]，饭落釜[⑤]中。太丘问："炊何不馏[⑥]？"元方、季方长跪[⑦]曰："大人与客语，乃俱窃听，炊忘著箅，饭今成糜[⑧]。"太丘曰："尔[⑨]颇有

① 选自《世说新语·夙惠》，题目为编者所加。

② 炊：烧火做饭。

③ 著（zhuó）：安置，放。

④ 箅（bì）：竹箅，蒸食物时用来隔开水的一种竹制炊具。

⑤ 釜（fǔ）：一种锅。

⑥ 馏（liù）：蒸饭。

⑦ 长跪：挺直身跪着，表示庄重。

⑧ 糜（mí）：粥。

⑨ 尔：人称代词，你们。

所识[①]不？”对曰：“仿佛志之。”二子俱说，更相易夺[②]，言无遗失。太丘曰：“如此，但糜自可，何必饭也！”

译 文

有客人拜访陈太丘，并在陈家留宿，陈太丘叫儿子元方、季方去烧火做饭。客人与陈太丘在谈论，元方、季方兄弟俩烧上了火，都放下了活儿去偷听客人与父亲的谈话。蒸饭的锅里忘了放上竹箅，结果米粒都掉到锅里去了。陈太丘问："为什么还不蒸饭呢？"元方、季方挺直身跪着说："父亲与客人谈话，我们就一起偷听，炊具里忘记安上竹箅，饭如今都成了粥了。"陈太丘问："你们听了，可记住些什么吗？"二人回答说："仿佛记得的。"两个儿子一起叙说，互相更正补充，把听到的话一点不漏地复述了出来。陈太丘说："能够这样，只有粥也可以了，何必一定要吃饭呢！"

学习提示

面对聪颖好学的孩子们的失误，陈太丘没有指责，反而把它变成了一次教育契机。“但糜自可，何必饭也”，在知识面前，物质倒显得那么微不足道，这是何等洒脱的气质。

借助注释，把握课文大意，感受元方兄弟聪颖好学的形象。

①识：记住。

②易夺：改正补充。

1. 客有问陈季方[①]

⊙〔南朝宋〕刘义庆

客有问陈季方："足下[②]家君[③]太丘，有何功德而荷[④]天下重名？"季方曰："吾家君譬如桂树生泰山之阿[⑤]，上有万仞之高，下有不测之深；上为甘露所沾[⑥]，下为渊泉所润。当斯[⑦]之时，桂树焉[⑧]知泰山之高、渊泉之深？不知有功德与无也。"

---

① 选自《世说新语·德行》，题目为编者所加。

② 足下：对人的敬称。

③ 家君：本为在他人面前尊称自己的父亲，这里在前面加上"足下"，用以尊称对方的父亲。

④ 荷（hè）：担负，承受。

⑤ 阿（ē）：山的曲隅、角落。

⑥ 沾：浸润。

⑦ 斯：这。

⑧ 焉：怎么。

译文

有客人问陈季方："您的父亲陈太丘，有什么功德，而担负了天下如此好的声名？"季方说："我的父亲就好像生长在泰山山坳的一株桂树，上面是万丈高的陡壁山峰，下面有无法测量的深渊；上受雨露甘霖，下受深泉滋润。在这样的时候，桂树又哪里会知道泰山有多高、泉水有多深？所以我不知道我父亲是有功德还是没有功德。"

古代的"名"与"字"

古代的"名"是一个人在社会上的"特称"。古代早期的人名一般都很朴素，后来，随着语言文字和文化观念的发展，古代的人取名变得越来越复杂。

"字"是男女成年后才加取的，这表示他们已经开始受到人们的尊重。"字"与"名"在意义上存在一定的关联。如周瑜，字公瑾，"瑜"和"瑾"都是指美玉；诸葛亮，字孔明，"亮"与"明"的字义十分相近；再如宋代词人辛弃疾字幼安，唐代诗人李白字太白，等等。

2. 覆巢无完卵[1]

⊙〔南朝宋〕刘义庆

孔融被收[2]，中外惶怖。时融儿大者九岁，小者八岁。二儿故琢钉戏[3]，了无遽容[4]。融谓使者曰："冀罪止于身，二儿可得全不？"儿徐进曰："大人[5]岂见覆巢之下，复有完卵乎？"寻亦收至。

译文

孔融被捕时，全家里里外外的人都很惊恐。当时，孔融的儿子大的才九岁，小的八岁。两个孩子依旧在玩琢钉游戏，没有一点儿恐惧的容色。孔融对前来逮捕他的差使说："希望惩罚只限于我自己，两个孩子能不能保全性命呢？"这时，儿子从容地上前说："父亲难道看见过打翻的鸟巢下面还有完整的蛋吗？"不久，两个儿子也被逮捕了。

---

① 选自《世说新语·言语》，题目为编者所加。

② 孔融被收：指孔融被曹操逮捕一事。

③ 琢钉戏：一种儿童游戏，以掷钉琢地来决胜负。

④ 遽（jù）容：恐惧的脸色。

⑤ 大人：对父母或长辈的敬称。

3. 何氏之庐[1]

⊙〔南朝宋〕刘义庆

何晏七岁，明惠若神，魏武奇爱[2]之，因晏在宫中，欲以为子。晏乃画地令方，自处其中。人问其故，答曰："何氏之庐[3]也。"魏武知[4]之，即遣还外。

译 文

何晏七岁时，就聪明得仿佛神人，魏武帝非常喜欢他，由于何晏住在王宫里，所以魏武帝想认他做儿子。于是何晏在地上画出一方形，自己坐在里面。有人问他（这样做的）原因，他回答说："这是何家的房屋。"魏武帝知道了（这件事），就把他送出宫了。

① 选自《世说新语·夙惠》，题目为编者所加。

② 奇爱：十分喜欢。

③ 庐：房子。

④ 知：知道。

4. 圣人难慕[1]

⊙〔南朝宋〕刘义庆

孙齐由[2]、齐庄[3]二人小时诣庾公，公问："齐由何字？"答曰："字齐由。"公曰："欲何齐[4]邪？"曰："齐许由。""齐庄何字？"答曰："字齐庄。"公曰："欲何齐？"曰："齐庄周[5]。"公曰："何不慕仲尼而慕庄周？"对曰："圣人生知，故难企慕。"庾公大喜小儿对。

① 选自《世说新语·言语》，题目为编者所加。

② 孙齐由：名潜，孙盛长子，官至豫章太守。

③ 齐庄：齐由弟，名放，孙盛次子，官至长沙王相。

④ 齐：同等。

⑤ 庄周：庄子，名周，战国时人，道家学派的代表人物。

译文

孙齐由、孙齐庄兄弟二人小时候去拜访庾亮，庾亮问："齐由表字是什么？"齐由回答说："字齐由。"庾亮又问："想向谁看齐呢？"齐由答道："向许由看齐。"庾亮又问："齐庄的表字是什么？"齐庄回答说："字齐庄。"庾亮问他："想向谁看齐？"齐庄说："向庄周看齐。"庾亮问："为什么不仰慕孔子而仰慕庄周？"齐庄回答说："圣人生来就知道一切，所以很难仰慕。"庾亮对这个小儿子的回答非常满意。

谦辞与敬辞

"家大、舍小、令外人"是概括古人谦辞与敬辞的七字诀。

"家大"，"家"是用于对别人称自己长辈和年长的平辈的谦辞。例如"家父""家母""家兄"等。

"舍小"，"舍"是用于对别人称比自己年龄小的家人用的谦辞。凡是辈分小、年龄小的家人都应冠以"舍"字，如"舍弟""舍妹""舍侄"等。

"令"是敬辞，凡是称呼别人家的人，无论辈分大小，男女老少，都冠以"令"字，表示尊敬。如称别人的父亲为"令尊"，母亲为"令堂"等。

5. 韩康伯不畏天寒[①]

⊙〔南朝宋〕刘义庆

韩康伯数岁，家酷贫，至大寒，止得襦[②]。母殷夫人自成之，令康伯捉熨斗，谓康伯曰："且著襦，寻作复裈[③]。"儿云："已足，不须复裈也。"母问其故，答曰："火在熨斗中而柄热，今既著襦，下亦当暖，故不须耳。"母甚异之，知为国器[④]。

① 选自《世说新语·夙惠》，题目为编者所加。韩康伯，即韩伯，东晋玄学家。

② 襦（rú）：短袄，短衣。

③ 复裈（kūn）：夹裤。

④ 国器：国之重器，治国之才。

译文

韩康伯几岁时，家境非常贫苦，到了隆冬，只穿上一件短袄。母亲殷夫人亲手做了一件短袄，叫康伯拿着熨斗熨烫，并对他说："暂时先穿着短袄，过不久就给你做夹裤。"康伯说："这已经够了，不需要夹裤了。"母亲问他原因，他回答说："火在熨斗里面，熨斗柄也就热了，现在已经穿上短袄，下身也会暖和的，所以不需要再做夹裤呀。"他母亲听了非常惊奇，知道他将来准是个治国的人才。

古人的自称

古人对自己的称呼，有一套颇为严格的规矩。通常来讲，古人在相互交往和言谈中，只要提到自己均会使用谦称或卑称，最常见的为"鄙人"。"鄙人"的本意是指居于郊野的庶民，引申为无地位、无文化之人，古人常用来表示自己地位不高，见识短浅。

与"鄙人"类似的谦称还有"臣""妾""仆"等，这些本是周时对奴仆的称呼，所谓"男人为臣，女人为妾"，地位最为低下。但后来也被用作自谦，一般男子自称臣、仆，女子自称妾。

在古人的自我谦称中，使用较广的还有"不才""小人""不佞""不敏"等几种。

6. 二子释哭[1]

⊙〔南朝宋〕刘义庆

张玄之、顾敷是顾和中外孙[2]，皆少而聪惠，和并知之，而常谓顾胜。亲重偏至，张颇不厌[3]。于时，张年九岁，顾年七岁。和与俱至寺中，见佛般泥洹[4]像，弟子有泣者，有不泣者。和以问二孙。玄谓："被亲故泣，不被亲故不泣。"敷曰："不然。当由忘情[5]故不泣，不能忘情故泣。"

---

① 选自《世说新语·言语》，题目为编者所加。

② 中外孙：孙子和外孙。

③ 厌：心服。

④ 般（bō）泥洹（huán）：同"般涅槃"，略称涅槃。谓超脱生死的境界，也指僧尼的圆寂。

⑤ 忘情：无喜怒哀乐之情。

译文

张玄之、顾敷是顾和的外孙和孙子，都年幼而聪慧过人。顾和对他们都很了解，但他经常对人说顾敷略胜一筹，亲近和重视也偏向了顾敷那里，张玄之心里很不服气。当时，张玄之九岁，顾敷七岁。一次顾和带他们一起到寺庙里去，看到释迦牟尼佛涅槃像，旁边的弟子有流泪的，有不流泪的。顾和拿这件事问两个孙子。张玄之解释说："被亲近所以哭，不被亲近所以不哭。"顾敷说："不对。应该是因为修行好而忘了世俗之情就不哭，不能摆脱喜怒哀乐的世俗之情就哭泣。"

古代帝王的自称

古代帝王自称为"朕""孤""寡人""不谷"等。那么这些称谓是什么含义呢？

"朕"这个称呼在上古时是很普遍的自称，没有高低贵贱之分，相当于现在的"我"。到秦始皇统一天下后，群臣在议尊号时，李斯等人建议"天子自称曰朕"（《史记·秦始皇本纪》），自此以后，"朕"这个称呼便成为皇帝专用的自称了。

"孤"的意思是说自己不能得众；"寡人"即少德之人；"不谷"即不善之意，因为"谷"可以养人，为善物。

单元学习任务

任务一

文言文的学习贵在诵读。诵读本单元文章，借助注释、译文和工具书，体会古代汉语与现代汉语在用词上的不同。选择其中一篇文章，用自己的话讲述故事，力求讲得生动有趣。

篇目：

任务二

这组短小的文言文为我们塑造了一群聪慧少年的形象，请选取你最喜欢的一位少年，说说他的特点，并思考作者是怎样刻画人物形象的。

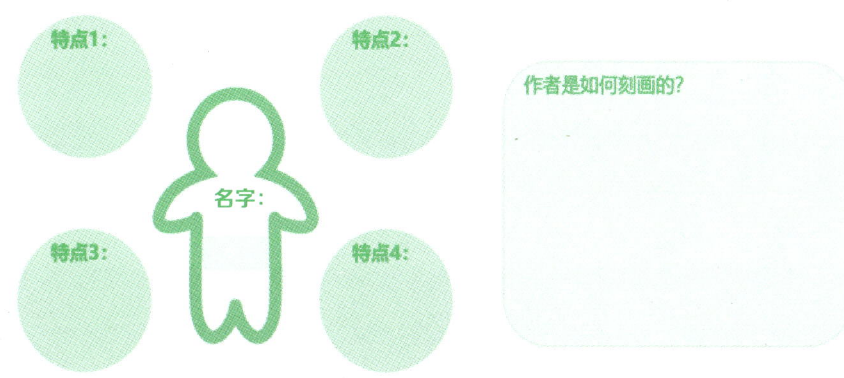

任务三

班级准备举办一场“故事会”活动。请同学们学习本组八篇短文的写法，为你最钦佩的聪慧少年（现实生活中真实的人物）写一则小故事，并以小组为单位，组内同学互相评价，选出组内最佳作品，参加班级评选。

我最喜欢的小故事：

推荐理由：

修改建议：

学会记事

暖暖的阳光温柔地洒落，泡一壶香茗，在丝丝缕缕的芬芳中轻轻地打开一本书，轻抚上面的文字，你会感到一种难以名状的惬意在心中飘散开来。情之所至，循着书的脉络而神游，或品读小说的悲欢离合，或感受散文的清新隽永，或欣赏戏剧的人生真味……你会发现经典的文学作品离不开高妙的叙事。

阅读本单元文章，探究文章中记事的技巧，学会在作文时将事情的六要素介绍清楚，理清事情的来龙去脉，还要学会写出自己的感情，注意锤炼语言，抓住感人的细节表情达意。

片段集锦

【范例1】

不久，姑母死了。三姐已出嫁，哥哥不在家，我又住学校，家中只剩母亲自己。她还须自晓至晚的操作，可是终日没人和她说一句话。新年到了，正赶上政府倡用阳历，不许过旧年。除夕，我请了两小时的假。由拥挤不堪的街市回到清炉冷灶的家中。母亲笑了。及至听说我还须回校，她愣住了。半天，她才叹出一口气来。到我该走的时候，她递给我一些花生，“去吧，小子！”街上是那么热闹，我却什么也没看见，泪遮迷了我的眼。今天，泪又遮住了我的眼，又想起当日孤独地过那凄惨的除夕的慈母。可是慈母不会再候盼着我了，她已入了土！

（老舍《我的母亲》）

【范例2】

也许我和娘（我们都叫继母为娘）有缘，娘很喜欢我。

她每次回娘家，都是吃了晚饭才回来。张家总是叫了两辆黄包车，姐姐和妹妹坐一辆，娘搂着我坐一辆。张家有个规矩（这规矩是很多人家都有的），姑娘回自己婆家，要给孩子手里拿两根点着了的安息香。我于是拿着两根安息香，偎在娘怀里。黄包车慢慢地走着。两旁人家、店铺的影子向后移动着，我有点迷糊。闻着安息香的香味，我觉得很幸福。

小学一年级时，冬天，有一天放学回家，我大便急了，憋不住，拉在裤子里了。我兜着一裤兜屎，一扭一扭地回了家。我的继母一闻，二话没说，赶紧烧水，给我洗了屁股。她把我擦干净了，让我围着棉被坐着，接着就给我洗衬裤刷棉裤。她不但没有说我一句，连眉头都没有皱一下。

（汪曾祺《我的母亲》）

【范例3】

有一天，我忽然想起，似乎多日不很看见他了，但记得曾见他在后园拾枯竹。我恍然大悟似的，便跑向少有人去的一间堆积杂物的小屋去，推开门，果然就在尘封的杂物堆中发现了他。他向着大方凳，坐在小凳上；便很惊惶地站了起来，失了色瑟缩着。大方凳旁靠着一个蝴蝶风筝的竹骨，还没有糊上纸，凳上是一对做眼睛用的小风轮，正用红纸条装饰着，将要完工了。我在破获秘密的满足中，又很愤怒他的瞒了我的眼睛，这样苦心孤诣地来偷做没出息孩子的玩艺。我即刻伸手折断了蝴蝶的一支翅骨，又将风轮掷在地下，踏扁了。论长幼，论力气，他是都敌不过我的，我当然得到完全的胜利，于是傲然走出，留他绝望地站在小屋里。后来他怎样，我不知道，也没有留心。

（鲁迅《风筝》）

【范例4】

我的初上书塾去念书的年龄，却说不清理了，大约总在七八岁的样子。只记得有一年冬天的深夜，在烧年纸的时候，我已经有点朦胧想睡了，尽在擦眼睛，打呵欠，忽而门外来了一位提着灯笼的老先生，说是来替我开笔的。我跟着他上了香，对孔子的神位行了三跪九叩之礼，立起来就在香案前面的一张桌上写了一张上大人的红字，念了四句“人之初，性本善”的《三字经》。第二年的春天，我就夹着绿布书包，拖着红丝小辫，摇摆着身体，成了那册英文读本里的小学生的样子了。

经过了三十余年的岁月，把当时的苦痛，一层层地摩擦干净，现在回想起来，这书塾里的生活，实在是快活得很。因为要早晨坐起一直坐到晚的缘故，可以助消化、健身体的运动，自然只有身体的死劲摇摆与放大喉咙的高叫了。大小便，是学生们监禁中暂时的解放，故而厕所就变作了乐园。我们同学中间的一位最淘气的，是学官陈老师的儿子，名叫陈方；书塾就系附设在学宫里面的。陈方每天早晨，总要大小便十二三次。后来弄得先生没法，就设下了一枝令签，凡须出塾上厕所的人，一定要持签而出；于是两人同去，在厕所里捣鬼的弊端革去了，但这令签的争夺，又成了一般学生们的唯一的娱乐。

（郁达夫《书塾与学堂》）

【范例5】

独酌，据说，那是很有意思的。我少时，常见祖父一个人执了一把锡的酒壶，把黄色的酒倒在白瓷小杯里，举了杯独酌着；喝了一小口，真正一小口，便放下了，又拿起筷子来夹菜。因此，他食得很慢，大家的饭碗和碗都已放下了，且已离座了，而他却还在举着酒杯，不匆不忙地喝着。他的吃饭，尚在再一个半点钟之后呢。而他喝着酒，颜微酡着，常常叫道："孩子，来。"而我们便到了他的跟前。他夹了一块只有他独享着的菜蔬放在我们口中，问道："好吃吗？"我们往往以点点头答之，在孙男与孙女中，他特别的喜欢我，叫我前去的时候尤多。常常的，他把有了短髭的嘴吻着我的面颊，微微有些刺痛，而他的酒气从他的口鼻中直喷出来。这是使我很难受的。

这样的，他消磨过了一个中午和一个黄昏。天天都是如此。我没有享受过这样的乐趣。然而回想起来，似乎他那时是非常的高兴，他是陶醉着，为快乐的雾所围着，似乎他的沉重的忧郁都从心上移开了，这里便是他的全个世界，而全个世界也便是他的。

（郑振铎《宴之趣》）

1. 迟　到[1]

⊙林海音

我的父亲很疼我，但是他管教我很严，很严很严。有一件事我永远忘不了……

“疼”“严”总领下文，三个“严”与倒叙形式，激发读者的阅读欲望。

当我在一年级的时候，就有早晨躺在床上不起来的毛病。每天早晨醒来，看到阳光照到玻璃窗上了，我的心里就有一阵愁，心想，已经这么晚了，等起来，洗脸，扎辫子，换制服，再走到学校去，准又是一进教室就被罚站在门边，同学们的眼光，会一个个向你投过来。我虽然很懒惰，可是也知道害羞呀！所以又愁又怕，每天都是怀着恐惧的心情，奔向学校去。最糟的是爸爸不许小孩子上学乘车的，他不管你晚不晚。

有一天，从早晨起下大雨，我醒来就知

① 节选自《城南旧事》。

道不早了，因为爸爸已经在吃早点。我听着、望着大雨，心里愁得不得了。我上学不但要迟到了，而且还要被妈妈逼着穿上肥大的夹袄，（是在夏天！）拖着不合脚的油鞋，举着一把大油纸伞，走向学校去！想到这么不舒服地上学，我竟有勇气赖在床上不起来了。

褒义贬用，“勇气”是“愁”叠加的结果。

过一会儿，妈妈进来了。她看我还没有起床，吓了一跳，催促着我。但是我紧皱了眉头，低声向妈妈哀求说：“妈，今天晚了，我就不去上学了吧？”

妈妈就是做不了爸爸的主，当她转身出去，爸爸就进来了。他瘦瘦高高的，站到床前来，瞪着我：“怎么不起来？快起！快起！”

标点符号能巧妙地表达人物情感，请试着模拟父女的不同语气进行朗读，呈现父女的冲突。

“晚了！爸！”我硬着头皮说。

“晚了也得去，怎么可以逃学！起！”

一个字的命令最可怕，但是我怎么啦？居然有勇气不挪窝儿。

爸爸气极了，一下把我从床上拖起来，我的眼泪就流出来了。爸爸左看右看，结果从桌上抄起鸡毛掸子，倒转来拿，藤鞭子在空中一抡，就发出咻咻的声音。我挨打了！

“拖”“抄”“抡”形象地呈现了父亲的愤怒，呼应了开篇的“严”。你知道父亲惩罚孩子的根本原因吗？

外面的雨声混合着我的哭声。我哭号，

躲避，最后还是冒着大雨上学去了。我像是一只狼狈的小狗，被宋妈抱上了洋车，第一次花钱坐车去上学。

请找出前文与“第一次花钱坐车去上学”相照应的句子。说说为什么严厉的父亲改变了以往的做法。

虽然迟到了，但是老师并没有罚我站，这是因为下雨天可以原谅的缘故。

老师叫我们先静默再读书。坐直身子，手背在身后，闭上眼睛，静静地想五分钟。老师说：想想看，你是不是听爸妈和老师的话？昨天的功课有没有做好？今天功课全带来了吗？早晨跟爸妈有礼貌地道别了吗？……我听到这儿，鼻子抽搭了一下，幸好我的眼睛是闭着的，泪水不至于流出来。

静默之中，我的肩头被拍了一下，急忙地睁开了眼，原来是老师站在我的位子边。他用眼神告诉我，叫我向教室的窗外看去。我猛一转头，是爸爸那瘦高的影子！

我刚安静下来的心又害怕起来了！……爸爸点头示意我出去。我看看老师，征求他的同意。老师也微笑地点点头，表示答应我出去。

我走出了教室，站在爸爸面前。爸爸没说什么，打开了手中的包袱，拿出来的是我的花夹袄。他递给我，看着我穿上，又拿出

“打开”“拿出”“递给”，沉默的父亲用他的行动表现了内心对女儿的“疼”。

两个铜板来给我。

后来怎么样了，我已经不记得。只记得，从那以后，每天早晨我都是等待着校工开大铁栅栏校门的学生之一。冬天的清晨站在校门前，戴着露出五个手指头的那种手套，举一块热乎乎的烤白薯在吃着；夏天的早晨站在校门前，手里举着从花池里摘下的玉簪花，送给亲爱的韩老师，是她教我跳舞的。

故事本已结束，作者为什么又写了冬天吃烤白薯、夏天给老师送花这两件事？

年龄称谓

古人的年龄有时候不用数字表示，而是用其他称谓来表示。

垂髫（tiáo）：三四岁至八九岁的儿童。髫指古代儿童头上下垂的短发。

总角：八九岁至十三四岁的少年。古代儿童将头发分作左右两半，在头顶各扎成一个结，形如两个羊角，故称“总角”。

及笄（jī）：指古代十五岁的女子，也称“笄年”。笄是簪子，及笄，就是到了可以插簪子的年龄了。

束发：常指男子十五岁。

弱冠：古代男子二十岁行冠礼，表示已经成人，因为还没达到壮年，故称“弱冠”。

2. 母亲和书

⊙赵丽宏

又出了一本新书。第一本要送的，当然是我的母亲。在这个世界上，最关注我的，是她老人家。

在我童年的记忆里，母亲是个严肃的人，她似乎很少对孩子们做出亲昵的举动。而父亲则不一样，他整天微笑着，从来不发脾气，更不要说动手打孩子。因为母亲不苟言笑，有时候还要发火训人，我们都有点怕她。记得母亲打过我一次，那是在我七岁的时候。那天，我在楼下的邻居家里顽皮，打碎了一张清代红木方桌的大理石桌面，邻居上楼来告状，母亲生气了，当着邻居的面用巴掌在我的身上拍了几下，虽然声音很响，但一点也不痛。我从小就自尊心强，母亲打我，而且当着外人的面，我觉得很丢面子。尽管那几下打得不重，我却好几天不愿意和她说话，你可以说我骂我，为什么要打人？后来父亲悄悄地告诉我一个秘密：“你不要记恨你妈妈，那几下，她是打给楼下告状的人看的，她才不会真的打你呢！”我这才原谅了母亲。

我后来发现，母亲其实和父亲一样爱我，只是她比父亲含蓄。上学后，我成了一个书迷，天天捧着一本书，吃饭看，上厕所也看，晚上睡觉，常常躺在床上看到半夜。对读书这件事，父亲从来不干涉，我读书时，他有时还会走过来摸摸我的头。而母亲却常常限制我，对我正在读的书，她总是要拿去翻一下，觉得没有问题，才还给我。如果看到我吃饭读书，她一定会拿掉我面前的书。母亲的理由是怕我读坏了眼睛。

中学毕业后，我经历了不少人生的坎坷，成了一个作家。在我从前的印象中，父亲最在乎我的创作。那时我刚刚开始发表作品，知道哪家报刊上有我的文章，父亲可以走遍全上海的邮局和书报摊买那一期报刊。我有新书出来，父亲总是会问我要。我在书店签名售书，父亲总要跑来看热闹，他把因儿子的成功而生出的喜悦和骄傲全都写在脸上。而母亲，却从来不在我面前议论文学，从来不夸耀我的成功。我甚至不知道母亲是否读我写的书。有一次，父亲在我面前对我的创作问长问短，母亲笑他说："看你这得意的样子，好像全世界只有你儿子一个人是作家。"

父亲去世后，母亲一下子变得很衰老。为了让母亲从悲伤沉郁的情绪中解脱出来，我们一家三口带着母亲出门旅行，还出国旅游了一次。和母亲在一起，谈论的话题很广，却从不涉及文学，从不谈我的书。我怕谈这话题会使母亲尴尬，她也许会无话可说。去年，我的一套自选集出版，四厚本，一百数十万字，字印得很小。我想，这样的书，母亲不会去读，便没有想到送给她。一次我去看母亲，她告诉我，前几天，她去书店了。我问她去干什么，母亲笑着说："我想买一套《赵丽宏自选集》。"我一愣，问道："你买这书干什么？"母亲回答："读啊。"看我不相信的脸色，母亲又淡淡地说："我读过你写的每一本书。"说着，她走到房间角落里，那里有一个被帘子遮着的暗道。母亲拉开帘子，里面是一个书橱。"你看，你写的书，一本也不少，都在这里。"我过去一看，不禁吃了一惊，书橱里，我这二十年中出版的几十本书都在那里，按出版的年份整整齐齐地排列着，一本也不少，有几本，还精心包着书皮。其中的好几本书，我自己也找不到了。我想，这大概是全世界收藏我的著作最完整的地方。

看着母亲的书橱，我感到眼睛发热，好久说不出一句话。其实，把我的书读得最仔细的，是母亲。母亲，你了解自己的儿子，而儿子却不懂得你！我感到羞愧。母亲微笑着凝视我，目光里流露出无限的慈爱和关怀。母亲老了，脸上皱纹密布，年轻时的美貌已经遥远得找不到踪影。然而在我的眼里，母亲却比任何时候都美。世界上，还有什么比母爱更美丽更深沉呢？

（有删改）

3. 花　脸

⊙冯骥才

做孩子的时候，盼过年的心情比大人来得迫切，吃穿玩乐花样都多，还可以把拜年来的亲友塞到手心里的一小红包压岁钱都积攒起来，做个小富翁。但对于孩子们来说，过年的魅力还有更一层深在的缘故，便是我要写在这几张纸上的。

每逢年至，小闺女们闹着戴绒花、穿红袄、嘴巴涂上浓浓的胭脂[①]团儿；男孩子们的兴趣都在鞭炮上，我则不然，最喜欢的是买个花脸戴。这是种纸浆轧制成的面具，用掺胶的彩粉画上戏里边那些有名有姓、威风十足的大花脸。后边拴根橡皮条，往头上一套，自己俨然[②]就变成那员虎将了。这花脸是依脸型轧的，眼睛处挖两个孔，可以从里边往外看。但鼻子和嘴的地方不通气儿，一戴上，好闷，还有股臭胶和纸浆的味儿；说出话来，声音变得低粗，却有大将威武不凡的气概，神气得很。

---

① 胭脂（yān zhi）：一种红色的化妆品，涂在两颊或嘴唇上。也用作国画的颜料。

② 俨然：形容很像。

一年年根，舅舅带我去娘娘宫前年货集市上买花脸。过年时人都分外有劲，挤在人群里好费力，终于从挂满在一条横竿上的花花绿绿几十种花脸中，惊喜地发现一个。这花脸好大，好特别！通面赤红，一双墨眉，眼角雄俊地吊起，头上边凸起一块绿包头，长巾贴脸垂下，脸下边是用马尾做的很长的胡须。这花脸与那些愣头愣脑、傻头傻脑、神头鬼脸的都不一样。虽然毫不凶恶，却有股子凛然不可侵犯的庄重之气，咄咄逼人。叫我看得直缩脖子，要是把它戴在脸上，管叫别人也吓得缩脖子。我竟不敢用手指它，只是朝它扬下巴，说："我要那个大红脸！"

卖花脸的小罗锅儿，举竿儿挑下这花脸给我，龇着黄牙笑嘻嘻说："还是这小少爷有眼力，要做关老爷！关老爷还得拿把青龙偃月刀呢！我给您挑把顶精神的！"说着从戳在地上的一捆刀枪里，抽出一柄最漂亮的大刀给我。大红漆杆，金黄刀面，刀面上嵌着几块闪闪发光的小镜片，中间画一条碧绿的小龙，还拴一朵红缨子。这刀！这花脸！没想到一下得到两件宝贝。我高兴得只是笑，话都说不出。舅舅付了钱，坐三轮车回家时，我就戴着花脸，倚着舅舅的大棉袍执刀而立，一路引来不少人瞧我，特别是那些与我一般大的男孩子投来艳羡的目光时，使我快活至极。舅舅给我讲了许多关公的故事，过五关、斩六将，温酒斩华雄。边讲边说："你好英雄呀！"好像在说我的光荣史。当他告诉我这把青龙偃月刀重八十斤时，我简直觉得自己力大无穷。舅舅还教我用京剧自报家门的腔调说：

“我——姓关，名羽，字云长。”

到家，人人见人人夸，妈妈似乎比我更高兴。连总是厉害地板着脸的爸爸也含笑称我“小关公”。我推开人们，跑到穿衣镜前，横刀立马地一照，呀，哪里是小关公，我是大关公哪！

这样，整个大年三十我一直戴着花脸，谁说都不肯摘，睡觉时也戴着它，还是睡着后我妈妈轻轻摘下放在我枕边的，转天醒来头件事便是马上戴上，恢复我这“关老爷”的本来面貌。

大年初一，客人们陆陆续续来拜年，妈妈喊我去，好叫客人们见识见识我这关老爷。我手握大刀，摇晃着肩膀，威风地走进客厅，憋足嗓门叫道：“我——姓关，名羽，字云长。”

客人们哄堂大笑，都说：“好个关老爷，有你守家，保管大鬼小鬼进不来！”

我愈发神气，大刀呼呼抡两圈，摆个张牙舞爪的架势，逗得客人们笑个不停。只要客人来，妈妈就喊我出场表演。妈妈还给我换上只有三十夜拜祖宗时才能穿的那件青缎金花的小袍子。我成了全家过年的主角。连爸爸对我也另眼看待了。

我下楼一向不走楼梯。我家楼梯扶手是整根的光亮的圆木。下楼时便一条腿跨上去，“哧溜”一下滑到底。这时我就故意躲在楼上，等客人来突然由天而降，叫他们惊奇，效果会更好！

初一下午，来客进入客厅，妈妈一喊我，我跨上楼梯扶手飞骑而下，呜呀呀大叫一声闯进客厅，大刀上下一抡，谁知用力过猛，脚底没根，身子栽出去，“叭”地巨响，大刀正砍在花架上一尊插桃枝的大瓷瓶上，哗啦啦粉粉碎，只见瓷片、桃枝和瓶里的水飞向满屋，一个瓷片从二姑脸旁飞过，险些擦上了；屋内如淋急雨，所有人穿的新衣裳都是水渍；再看爸爸，他像老虎一样直望着我，哎哟，一根开花的小桃枝迎面飞去，正插在他梳得油光光的头发里。后来才知道被我打碎的是一尊祖传的乾隆官窑百蝶瓶，这简直是死罪！我坐在地上吓傻了，等候爸爸上来一顿狠狠的揪打。妈妈的神气好像比我更紧张，她一下抓不着办法救我，瞪大眼睛等待爸爸的爆发。

就在这生死关头，二姑忽然破颜而笑，拍着一双雪白的手说道：

“好啊，好啊，今年大吉大利，岁（碎）岁（碎）平安呀！哎，关老爷，干吗傻坐在地上，快起来，二姑还要看你耍大刀哪！”

谁知二姑这是使什么法术，绷紧的气势霎时就松开了。另一位姨婆马上应和说：“旧的不去，新的不来，不除旧，不迎新。您等着瞧吧，今年非抱个大金娃娃不成，是吧！”她满脸欢笑朝我爸爸说，叫他应声。其他客人也一拥而上，说吉祥话，哄爸爸乐。

这些话平时根本压不住爸爸的火气，此刻竟有神奇的效力，迫使他不乐也得乐。过年乐，没灾祸。爸爸只得嘿嘿两声，点头说：

“啊，好、好、好……”

尽管他脸上的笑纹明显含着被克制的怒意，我却奇迹般地因此逃脱开一次严惩。妈妈对我丢了眼色，我立刻爬起来，拖着大刀，狼狈而逃。身后还响着客人们着意的拍手声、叫好声和笑声。

往后几天里，再有拜年的客人来，妈妈不再喊我，节目被取消了。我躲在自己屋里很少露面，那把大刀也掖在床底下，只是花脸依旧戴着，大概躲在这硬纸后边再碰到爸爸时有种安全感。每每从眼孔里望见爸爸那张阴沉含怒的脸，不再觉得自己是关老爷，而是个可怜虫了！

过了正月十五，大年就算过去了。我因为和妹妹争吃撤下来的祭灶用的糖瓜，被爸爸抓着腰提起来，按在床上死揍了一顿。我心里清楚，他是把打碎花瓶的罪过加在这件事上一起清算，因为他盛怒时，向我要来那把惹祸的大刀，用力折成段，大花脸也撕成碎片片。

从这事，我悟到一个祖传的概念：一年之中唯有过年这几天是孩子们的自由日，在这几天里无论怎样放胆去闹，也不会立刻得到惩罚。这便是所有孩子都盼望过年深在的缘故。当然，那被撕碎的花脸也提醒我，在这有限的自由里可得勒着点自己，当心事后加倍地算账。

4. 温　馨

⊙梁晓声

温馨是纯粹的汉语词。

近年常读到它，常听到它；自己也常写到它，常说到它。于是静默独处之时每想：温馨，它究竟意味着什么呢？

是某种情调吗？是某种氛围吗？是客观之境？抑或仅仅是主观的印象？它往往在我们内心里唤起怎样的感觉？我们为什么不能长期缺少了它？

那夜失眠，倚床而坐，将台灯罩压得更低，于万籁俱寂中细细筛我的人生，看有无温馨之蕊风干在我的记忆中。

从小学二三年级起，母亲便为全家的生活去离家很远的工地上班。每天早上天未亮便悄悄地起床走了，往往在将近晚上八点时才回到家里。若冬季，那时天已完全黑了。比我年龄更小的弟弟妹妹都因天黑而害怕，我便冒着寒冷到小胡同口去迎母亲，从那儿可以望到马路。一眼望过去很远很远，不见车辆，不见行人。终于有一个人影出现，矮小，然而“肥胖”，那是身穿了工地上发的过膝的很厚的棉坎肩所致，像矮小却穿了笨重铠甲的古代兵卒。断定那便是母亲。在路灯幽蓝清冽的光下，母亲那么快地走着。她知道小儿女们还饿着，等着她回家胡乱做口吃的呢！

于是，我边跑着迎上去，边叫："妈！妈……"

如今回想起来，那远远望见的母亲的古怪身影，当时对我即是温馨。回想之际，觉得更是了。

小学四年级暑假中的一天，跟同学们到近郊去玩，采回了一大捆狗尾草。采那么多狗尾草干什么呢？采时是并不想的。反正同学们采，自己也跟着采，还暗暗竞赛似的一定要比别的同学采得多，认为总归是收获。母亲正巧闲着，于是用那一大捆狗尾草为弟弟妹妹们编小动物。转眼编成一只狗，转眼编成一只虎，转眼编成一头牛……她的儿女们属什么，她就先编什么。之后编成了十二生肖。再之后还编了大象、狮子、仙鹤、凤凰……母亲每编成一种，我们便赞叹一阵。于是母亲一向忧愁的脸上，难得地浮现出了微笑……

如今回想起来，母亲当时的微笑，对我即是温馨。对年龄更小的弟弟妹妹们也是。那些狗尾草编的小动物，插满了我们破家的各处。到了来年，草籽干硬脱落，才不得不一一丢弃。

我小学五年级时，母亲仍上着班。但那时我已学会了做饭。从前，百姓家的一顿饭极为简单，无非贴饼子和粥。晚饭通常只是粥。用高粱米或苞谷楂子煮粥，很费心费时的。怎么也得两个小时才能煮软。我每坐在炉前，借炉口映出的一小片火光，一边提防着粥别煮煳了，一边看小人书。即使厨房很黑了也不开灯，为的是省几度电……

如今回想起来，当时炉口映出的一小片火光，对我即是温馨。回想之际，觉得更是了。

由小人书联想到了小人书铺。我是那儿的熟客，尤其冬日去得更勤。倘积攒了五六分钱，便坐在靠近小铁炉的条凳上，从容翻阅；且可闻炉上水壶吱吱作响，脸被水蒸气润得舒服极了，鞋子被炉壁烘得暖和极了。忘了时间，忘了地点。偶一抬头，见破椅上的老大爷低头打盹，而外边，雪花在土窗台上积了半尺高……

如今想来，那样的夜晚，那样的时候，那样的地方，对于少年的我便是一个温馨的所在。回想之际，觉得更是了。

上了中学的我，于一个穷困的家庭而言，几乎已是全才了。抹墙，修火炕，砌炉子，样样活都拿得起，干得很是在行。几乎每一年春节前，都要将整个破家里里外外粉刷一遍。今年墙上滚这一种图案，明年一定换一种图案，年年不重样。冬天粉刷屋子别提有多麻烦，再怎么注意，也还是会滴得到处都是粉浆点子。母亲和弟弟妹妹们撑不住就打盹，东倒西歪全睡了。只有我一个人还在细细地擦、擦、擦……连地板都擦出清晰的木纹了。第二天一早，母亲和弟弟妹妹们醒来，看看这儿，瞅瞅那儿，一切干干净净有条不紊，看得目瞪口呆……

如今想来，温馨在母亲和弟弟妹妹眼里，在我心里。他们眼里有种感动，我心里有种快乐。仿佛感动是火苗，快乐是劈柴，于是家里温馨重重。尽管那时还没生火，屋子挺冷……

下乡了，每次探家，总是在深夜敲门。灯下，母亲的白发是一年比一年多了。从怀里掏出积攒了三十几个月的钱无言地塞在母亲瘦小而粗糙的手里，或二百，或三百。三百的时候，当然是向知青战友们借了些的。那年月，二三百元，多大一笔钱啊！母亲将头一扭，眼泪就流下来了……

如今想来，当时对于我，温馨在母亲的泪花里。为了让母亲过上不必借钱花的日子，再远的地方我都心甘情愿地去，什么苦都算不上是苦。母亲用她的泪花告诉我，她完全明白她这一个儿子的想法。我的心使母亲的心温馨，母亲的泪花使我的心温馨……

参加工作了，将老父亲从哈尔滨接到了北京。十几年的一间筒子楼宿舍，里里外外被老父亲收拾得一尘不染。经常地，傍晚，我在家里写作，老父亲将儿子从托儿所接回来。但听父亲用浓重的山东口音教儿子数楼阶："一、二、三……"所有在走廊里做饭的邻居听了都笑，我在屋里也不由停笔一笑。那是老父亲在替我对儿子进行学前智力开发，全部成果是使儿子能从一数到十了。

父亲常慈爱地望着自己的孙子说："几辈人的福都让他一个人享了啊！"

其实呢，我的儿子，只不过出生在筒子楼，渐渐长大在筒子楼。

有天下午我从办公室回家取一本书，见我的父亲和我的儿子相依相偎睡在床上，我儿子的一只小手紧紧揪住我父亲的胡子——他怕自己睡着了，爷爷离开他不知到哪儿去了。

那情形给我留下极为温馨的印象；还有老父亲教我儿子数楼阶的语调，以及他关于“福”的那一句话。

后来父亲患了癌症，而当时我正在为厂里修改一部剧本。我只得将一张小小的桌子从阳台搬到了父亲床边，目光稍一转移，就能看到父亲仰躺着的苍白的脸。而父亲微微一睁眼，就能看到我，和他对面养了十几条美丽金鱼的大鱼缸。这是父亲不能起床后我为他买的。十月的阳光照耀着我，照耀着父亲。他已知自己将不久于世，然而只要我在身旁，他脸上必呈现着淡对生死的镇定和对儿子的信赖。一天下午一点多，我突觉心慌极了，放下笔说：“爸，我得陪您躺一会儿。”尽管旁边备有我躺的钢丝床，我却紧挨着老父亲躺了下去。并且，本能地握住了父亲的一只手。五六分钟后，我几乎睡着了，而父亲悄然而逝……

如今想来，当年那五六分钟乃是我一生体会到的最大的温馨。感谢上苍，它启示我那么亲密地与老父亲躺在一起，并且握着父亲的手。我一再地回忆，不记得此前也曾和父亲那么亲密地躺在一起过；更不记得此前曾在五六分钟内轻轻握着父亲的手不放过。真的感谢上苍啊，它使我们父子的诀别成了我内心里刻骨铭心的温馨……

后来我又一次将母亲接到了北京，而母亲正病着。邻居告诉我，每天我去上班，母亲必站在阳台上，脸贴着玻璃望我，直到无法望见为止。我不信，有一天在外边抬头一看，老母亲果然在那样望我。母亲弥留之际，我企图嘴对着嘴，将她喉间的痰吸出来。母亲忽然苏醒了，以为她的儿子在吻别她。母亲的双手，一下子紧紧搂住了我的头，搂得那么紧那么紧。于是我将脸乖乖地偎向母亲的脸，闭上眼睛，任泪水默默地流。

如今想来，当时我的心悲伤得都快要碎了。之所以并没碎，是因为有温馨粘住了啊！在我的人生中，只记得母亲那么亲爱过我一次，在她的儿子快五十岁的时候。

现在，我的儿子也已上大三了。有次我在家里，无意中听到了他与他同学的交谈：

“你老爸对你好吗？”

“好啊。”

“怎么好法？”

“我小时候他总给我讲故事。”

其实，儿子小时候，我并未“总给”他讲故事，只给他讲过几次，而且一向是同一个自编的没结尾的故事，也一向是同一种讲法——该睡时，关了灯，将他搂在身旁，用被子连我自己的头一起罩住，口出异声：“呜……荒郊野外，好大的雪，好大的风，好黑的夜啊！冷呀！呱嗒、呱嗒……爪子落在冰上的声音……大怪兽来了，它嗅到了我们的气味儿了，它要来吃我们了……”

儿子那时就屏息敛气，缩在我怀里一动也不敢动。幼儿园老师觉出儿子胆小，一问方知缘故，就郑重又严肃地批评我：“你一位著名作家，原来专给儿子讲那种故事啊！”

孰料，在儿子那儿，这竟变成了我对他“好”的一种记忆。于是不禁地想，再过若干年，我彻底老了，儿子成年了，也会是一种关于父亲的温馨的回忆吗？尽管我给他的父爱委实太少，但却同一切似我的父亲们一样抱有一种奢望，那就是——将来我的儿子回忆起我时，或可叫作“温馨”的情愫多于“呜……呱嗒、呱嗒……”

（有删改）

5. 最美的痕迹

⊙盛一诺

在记忆中，一些细碎甚至有些凌乱的片段与时间的尘埃并存，如沙中的金子一样，闪着金色的光辉；或是夜空中的流星，划过一道道耀眼的痕迹。不经意间寻觅到它们，蓦然发现，这些本以为会被岁月抹平的痕迹，仍留在天边，依旧那么美丽。

八岁，你与我去爬黄山，望着高耸入云的山峰，本以为你会搀扶着我，谁知你的目光却早已飘上山顶。我急于向你证明我的长大，一只手把着锁链，抬脚迈向几近垂直的台阶，不顾你在后面叫我慢点的喊声，结果脚下没有踩实，一脚踏空，身体向后倒去，结结实实撞到你的胸膛。原来你的臂膀一直都守护在我身后。将要登顶时，你伸出手，一把将我拉上了最后几级台阶。你笑了，但那笑容里透出无可掩饰的疲惫。我生龙活虎地站在山顶，却不知你出发前一连几个夜晚查询天气，准备物品，键盘上跳动的手指、布满血丝的眼睛和接打电话时嘶哑的声音，只是为了我能开心。你那疲惫的笑容，成了我心中的痕迹。

入夏，天气闷热，你进了厨房忙活起来。厨房的灯光微暗，映在你脸上，照出几条鱼尾纹。你身旁的盆中装着一些绿豆，是最大最饱满，颜色略暗的那种。你蹲在地上，身子弯成弓形，仔细地在一堆绿豆中挑选，放进锅里，水雾弥漫，原本坚硬的绿豆渐渐绽开。你用汤勺轻轻地、慢慢地搅动，仿佛那锅里的不是绿豆水，而是时光，静好的时光。绿豆水熬好了，你一边晃着脑袋，一边给绿豆水吹气，鼻尖周围沁出细汗，两鬓的雪花异常刺眼。我接过绿豆水，看着一汪碧绿中映出父亲弯腰疲劳的剪影，一饮而尽。父亲弯下的腰，成了我心中的痕迹。其实，哪有什么岁月静好，只是有人在替你负重前行。

你的手机亮起，电脑桌前沉沉睡去的你浑然不知。“最近儿子心情不稳定，找时间陪他聊聊天。”“今天天气凉，提醒儿子多穿衣服。”“中午带的饭，他没有吃完，可能不爱吃，下次换换别的菜。”聊天记录中，此类信息林林总总。我能想象到，你出门时打了个寒战，上了人挤着人、肩擦着肩的地铁，摇晃着将这些提醒发给母亲；晚间你费力地拧开饭盒，看见里面的残羹冷炙时皱起了眉头，叹了口气。电脑屏幕上是我的作文稿，显然是你熬夜为我打上去的，我鼻子一酸。短短的信息，成了我心中的痕迹。

过了一会儿，我换成一副笑脸，把你叫醒，问你怎么在这偷懒，你笑着说：“老了。”

原来每一个人的路都承载着他人的期待，你走的每一步都牵挂着爱你的人焦灼的目光。很多时候不是我们去看父母的背影，而是承受不了他们不舍的、不放心的目光。岁月可以将一个人的心磨得圆滑，但一个眼神、一句话所留下的痕迹，只会随着时间的流逝而愈加明显。被岁月抹去的是尘土，留下的则是闪耀的钻石。正是这些美好，点亮了我们的生命。

（学生习作）

朋友关系称谓知多少

金兰之交：指情意契合、亲如兄弟的朋友。

八拜之交：旧称异姓结拜的兄弟姐妹为八拜之交。

管鲍之交：春秋时，齐人管仲和鲍叔牙相知最深。后常比喻交情深厚的朋友。

贫贱之交：指在贫贱而地位低下时结交的朋友。

患难之交：指在遇到磨难时结成的朋友。

莫逆之交：指情投意合、友谊深厚的朋友。

竹马之交：指从小一块儿长大的异性好友。

布衣之交：指以平民身份相交往的朋友。

总角之交：也作“总角之好”，指童年时结交的朋友。

忘年交：指辈分不同、年龄相差较大的朋友。

刎颈之交：指同生死、共患难的朋友。

整本书阅读

白洋淀纪事

⊙孙　犁

阅读导航

“古来碑塔纪念之迹多矣，而燕赵萧萧英烈故事，载于典册者亦繁矣。”（孙犁《三烈士事略并后记》）这是歌颂燕赵抗日英雄功绩的肺腑真言。在这个和平的年代，在这个物质文明高速发展的年代，我们更应该居安思危，忆苦思甜，好好珍惜这来之不易的生活。当我们在游山玩水享受自然风光的时候，更应去革命故里，重走“红色路线”，缅怀我们的先烈，聆听他们穿越时空的教诲。

《白洋淀纪事》这部作品反映了抗日战争、解放战争和中华人民共和国成立初期，冀中平原和冀西山区一带人民在中国共产党的领导下进行战争、土地改革、劳动生产、互助合作并因此移风易俗的生活情景。作品多方面勾勒了时代和社会的历史风俗画面，笔调明丽、流畅，文风秀雅、隽永，人物形象鲜明。

在这部作品里，有人民热切招待负伤的八路军时的嘘寒问暖，也有游击队员冲锋时嘹亮的军号；有人民被地主土豪欺压时的哀号，也有胜利时快乐的欢呼；有批斗乡绅土豪时愤怒的叫喊，也有对落后分子的认真开导。这里的人民过着平凡的生活，怡然自乐。但是，一到山河破碎，硝烟四起的时候，人人都拿起了武器，人人都成了战士。下面，就让我们一起走进冀中平原和冀西山区抗战时期的生活吧！

精彩选篇

荷花淀

——白洋淀纪事之一

月亮升起来，院子里凉爽得很，干净得很，白天破好的苇眉子潮润润的，正好编席。女人坐在小院当中，手指上缠绞着柔滑修长的苇眉子。苇眉子又薄又细，在她怀里跳跃着。

要问白洋淀有多少苇地？不知道。每年出多少苇子？不知道。只晓得，每年芦花飘飞苇叶黄的时候，全淀的芦苇收割，垛起垛来，在白洋淀周围的广场上，就成了一条苇子的长城。女人们，在场里院里编着席。编成了多少席？六月里，淀水涨满，有无数的船只，运输银白雪亮的席子出口，不久，各地的城市村庄，就全有了花纹又密又精致的席子用了。大家争着买：

“好席子，白洋淀席！”

这女人编着席。不久在她的身子下面，就编成了一大片。她像坐在一片洁白的雪地上，也像坐在一片洁白的云彩上。她有时望望淀里，淀里也是一片银白世界。水面笼起一层薄薄透明的雾，风吹过来，带着新鲜的荷叶荷花香。

但是大门还没关，丈夫还没回来。

很晚丈夫才回来了。这年轻人不过二十五六岁，头戴一顶大草帽，上身穿一件洁白的小褂，黑单裤卷过了膝盖，光着脚。他叫水生，小苇庄的游击组长，党的负责人。今天领着游击组到区上开会去来。女人抬头笑着问：

“今天怎么回来得这么晚？”站起来要去端饭。水生坐在台阶上说：

“吃过饭了，你不要去拿。”

女人就又坐在席子上。她望着丈夫的脸，她看出他的脸有些红涨，说话也有些气喘。她问：

“他们几个哩？”

水生说：

“还在区上。爹哩？”

女人说：

“睡了。”

“小华哩？”

“和他爷爷去收了半天虾篓，早就睡了。他们几个为什么还不回来？”

水生笑了一下。女人看出他笑得不像平常。

“怎么了，你？”

水生小声说：

“明天我就到大部队上去了。”

女人的手指震动了一下，像是叫苇眉子划破了手，她把一个手指放在嘴里吮了一下。水生说：

“今天县委召集我们开会。假若敌人再在同口安上据点，那和端村就成了一条线，淀里的斗争形势就变了。会上决定成立一个地区队。我第一个举手报了名的。”

女人低着头说：

“你总是很积极的。”

水生说：

“我是村里的游击组长，是干部，自然要站在头里，他们几个也报了名。他们不敢回来，怕家里的人拖尾巴。公推我代表，回来和家里人们说一说。他们全觉得你还开明一些。”

女人没有说话。过了一会儿，她才说：

“你走，我不拦你。家里怎么办？”

水生指着父亲的小房叫她小声一些，说：

“家里，自然有别人照顾。可是咱的庄子小，这一次参军的就有七个。庄上青年人少了，也不能全靠别人，家里的事，你就多做些，爹老了，小华还不顶事。”

女人鼻子里有些酸，但她并没有哭，只说：

“你明白家里的难处就好了。”

水生想安慰她。因为要考虑准备的事情还太多，他只说了两句：

“千斤的担子你先担吧，打走了鬼子，我回来谢你。”

说罢，他就到别人家里去了，他说回来再和父亲谈。

鸡叫的时候，水生才回来。女人还是呆呆地坐在院子里等他，她说：

“你有什么话嘱咐嘱咐我吧！”

“没有什么话了，我走了，你要不断进步，识字，生产。”

“嗯。”

“什么事也不要落在别人后面！”

“嗯，还有什么？”

“不要叫敌人汉奸捉活的。捉住了要和他拼命。”这才是那最重要的一句，女人流着眼泪答应了他。

第二天，女人给他打点好一个小小的包裹，里面包了一身新单衣、一条新毛巾、一双新鞋子。那几家也是这些东西，交水生带去。一家人送他出了门。父亲一手拉着小华，对他说：

“水生，你干的是光荣事情，我不拦你，你放心走吧。大人孩子我给你照顾，什么也不要惦记。”

全庄的男女老少也送他出来，水生对大家笑一笑，上船走了。

女人们到底有些藕断丝连。过了两天，四个青年妇女集在水生家里来，大家商量：

“听说他们还在这里没走。我不拖尾巴，可是忘下了一件衣裳。”

“我有句要紧的话得和他说说。”

水生的女人说：

“听他说鬼子要在同口安据点……”

“哪里就碰得那么巧？我们快去快回来。”

“我本来不想去，可是俺婆婆非叫我再去看看他，有什么看头啊！”

于是这几个女人偷偷坐在一只小船上，划到对面马庄去了。

到了马庄，她们不敢到街上去找，来到村头一个亲戚家里。亲戚说：你们来得不巧，昨天晚上他们还在这里，半夜里走了，谁也不知开到哪里去。你们不用惦记他们，听说水生一来就当了副排长，大家都是欢天喜地的……

几个女人羞红着脸告辞出来，摇开靠在岸边上的小船。现在已经快到晌午了，万里无云，可是因为在水上，还有些凉风。这风从南面吹过来，从稻秧上苇尖吹过来。水面没有一只船，水像无边的跳荡的水银。

几个女人有点失望，也有些伤心，各人在心里骂着自己的狠心贼。可是青年人，永远朝着愉快的事情想，女人们尤其容易忘记那些不痛快。不久，她们就又说笑起来了。

“你看说走就走了。”

“可慌（高兴的意思）哩，比什么也慌，比过新年，娶新——也没见他这么慌过！”

“拴马桩也不顶事了。”

“不行了，脱了缰了！”

“一到军队里，他一准得忘了家里的人。”

“那是真的，我们家里住过一些年轻的队伍，一天到晚仰着脖子出来唱，进去唱，我们一辈子也没那么乐过。等他们闲下来没有事了，我就傻想：该低下头了吧。你猜人家干什么？用白粉子在我家影壁上画上许多圆圈圈，一个一个蹲在院子里，托着枪瞄那个，又唱起来了！”

她们轻轻划着船，船两边的水哗，哗，哗。顺手从水里捞上一颗菱角来，菱角还很嫩很小，乳白色。顺手又丢到水里去。那颗菱角就又安安稳稳浮在水面上生长去了。

“现在你知道他们到了哪里？”

“管他哩，也许跑到天边上去了！”

她们都抬起头往远处看了看。

“哎呀！那边过来一只船。”

“哎呀！日本，你看那衣裳！”

“快摇！”

小船拼命往前摇。她们心里也许有些后悔，不该这么冒冒失失走来；也许有些怨恨那些走远了的人。但是立刻就想，什么也别想了，快摇，大船紧紧追过来了。

大船追得很紧。

幸亏是这些青年妇女，白洋淀长大的，她们摇得小船飞快。小船活像离开了水皮的一条打跳的梭鱼。她们从小跟这小船打交道，驶起来，就像织布穿梭，缝衣透针一般快。

假如敌人追上了，就跳到水里去死吧！

后面大船来得飞快。那明明白白是鬼子！这几个青年妇女咬紧牙制止住心跳，摇橹的手并没有慌，水在两旁大声地哗哗，哗哗，哗哗哗！

“往荷花淀里摇！那里水浅，大船过不去。”

她们奔着那不知道有几亩大小的荷花淀去，那一望无边际的密密层层的大荷叶，迎着阳光舒展开，就像铜墙铁壁一样。粉色荷花箭高高地挺出来，是监视白洋淀的哨兵吧！

她们向荷花淀里摇，最后，努力地一摇，小船蹿进了荷花淀。几只野鸭扑棱棱飞起，尖声惊叫，掠着水面飞走了。就在她们的耳边响起一排枪！

整个荷花淀全震荡起来。她们想，陷在敌人的埋伏里了，一准要死了，一齐翻身跳到水里去。渐渐听清楚枪声只是向着外面，她们才又扒着船帮露出头来。她们看见不远的地方，那宽厚肥大的荷叶下面，有一个人的脸，下半截身子长在水里。荷花变成人了？那不是我们的水生吗？又往左右看去，不久各人就找到了各人丈夫的脸，啊，原来是他们！

但是那隐蔽在大荷叶下面的战士们，正在聚精会神瞄着敌人射击，半眼也没有看她们。枪声清脆，三五排枪过后，他们投出了手榴弹，冲出了荷花淀。

手榴弹把敌人那只大船击沉，一切都沉下去了。水面上只剩下一团烟硝火药气味。战士们就在那里大声欢笑着，打捞战利品。他们又开始了沉到水底捞出大鱼来的拿手戏。他们争着捞出敌人的枪支、子弹带，然后是一袋子一袋子叫水浸透了的面粉和大米。水生拍打着水去追赶一个在水波上滚动的东西，是一包用精致纸盒装着的饼干。

妇女们带着浑身水，又坐到她们的小船上去了。

水生追回那个纸盒，一只手高高举起，一只手用力拍打着水，好使自己不沉下去。对着荷花淀吆喝：

“出来吧，你们！”

好像带着很大的气。

她们只好摇着船出来。忽然从她们的船底下冒出一个人来，只有水生的女人认得那是区小队的队长。这个人抹一把脸上的水问她们：

“你们干什么去呀？”

水生的女人说：

“又给他们送了一些衣裳来！”

小队长回头对水生说：

“都是你村的？”

“不是她们是谁，一群落后分子！”水生说完把纸盒顺手丢在女人们船上，一泅，又沉到水底下去了，到很远的地方才钻出来。

小队长开了个玩笑，他说：

“你们也没有白来，不是你们，我们的伏击不会这么彻底。可是，任务已经完成，该回去晒晒衣裳了。情况还紧得很！”

战士们已经把打捞出来的战利品，全装在他们的小船上，准备转移。一人摘了一片大荷叶顶在头上，抵挡正午的太阳。几个青年妇女把掉在水里又捞出来的小包裹，丢给了他们，战士们的三只小船就奔着东南方向，箭一样飞去了。不久就消失在中午水面上的烟波里。

几个青年妇女划着她们的小船赶紧回家，一个个像落水鸡似的。一路走着，因过于刺激和兴奋，她们又说笑起来。坐在船头脸朝后的一个噘着嘴说：

“你看他们那个横样子，见了我们爱搭理不搭理的！”

“啊，好像我们给他们丢了什么人似的。”

她们自己也笑了，今天的事情不算光彩，可是：

“我们没枪，有枪就不往荷花淀里跑，在大淀里就和鬼子干起来！”

“我今天也算看见打仗了。打仗有什么出奇，只要你不着慌，谁还不会趴在那里放枪呀！”

“打沉了，我也会凫水捞东西，我管保比他们水式好，再深点我也不怕！”

“水生嫂，回去我们也成立队伍，不然以后还能出门吗！”

“刚当上兵就小看我们，过二年，更把我们看得一钱不值了，谁比谁落后多少呢！”

这一年秋季，她们学会了射击。冬天，打冰夹鱼的时候，她们一个个蹬在流星一样的冰船上，来回警戒。敌人围剿那百顷大苇塘的时候，她们配合子弟兵作战，出入在那芦苇的海里。

一九四五年五月于延安

芦花荡

——白洋淀纪事之二

夜晚，敌人从炮楼的小窗子里，呆望着这阴森黑暗的大苇塘，天空的星星也像浸在水里，而且要滴落下来的样子。到这样的深夜，苇塘里才有水鸟飞动和唱歌的声音，白天它们是紧紧藏到窝里躲避炮火去了。苇子还是那么狠狠地往上钻，目标好像就是天上。

敌人监视着苇塘。他们提防有人给苇塘里的人送来柴米，也提防里面的队伍会跑了出去。我们的队伍还没有退却的意思。可是假如是月明风清的夜晚，人们的眼再尖利一些，就可以看见有一只小船从苇塘里撑出来，在淀里，像一片苇叶，奔着东南去了。半夜以后，小船又漂回来，船舱里装满了柴米油盐，有时还带来一两个从远方赶来的干部。

撑船的是一个将近六十岁的老头子，船是一只尖尖的小船。老头子只穿一条蓝色的破旧短裤，站在船尾巴上，手里拿着一根竹篙。

老头子浑身没有多少肉，干瘦得像老了的鱼鹰。可是那晒得干黑的脸，短短的花白胡子却特别精神，那一对深陷的眼睛却特别明亮。很少见到这样尖利明亮的眼睛，除非是在白洋淀上。

老头子每天夜里在水淀出入，他的工作范围广得很：里外交通，运输粮草，护送干部；而且不带一支枪。他对苇塘里的负责同志说：你什么也靠给我，我什么也靠给水上的能耐，一切保险。

老头子过于自信和自尊。每天夜里，在敌人紧紧封锁的水面上，就像一个没事人，他按照早出晚归捕鱼撒网那股悠闲的心情撑着船，编算着使自己高兴也使别人高兴的事情。

因为他，敌人的愿望就没有达到。

每到傍晚，苇塘里的歌声还是那么响，不像是饿肚子的人们唱的；稻米和肥鱼的香味，还是从苇塘里飘出来。敌人发了愁。

一天夜里，老头子从东边很远的地方回来。弯弯下垂的月亮，浮在水一样的天上。老头子载了两个女孩子回来。孩子们在炮火里滚了一个多月，都发着疟子，昨天跑到这里来找队伍，想在苇塘里休息休息，打打针。

老头子很喜欢这两个孩子：大的叫大菱，小的叫二菱。把她们接上船，老头子就叫她们睡一觉，他说：什么事也没有了，安心睡一觉吧，到苇塘里，咱们还有大米和鱼吃。

孩子们在炮火里一直没安静过，神经紧张得很。一点轻微的声音，闭上的眼就又睁开了。现在又是到了这么一个新鲜的地方，有水有船，荡悠悠的，夜晚的风吹得长期发烧的脸也清爽多了，就更睡不着。

眼前的环境好像是一个梦。在敌人的炮火里打滚，在高粱地里淋着雨过夜，一晚上不知道要过几条汽车路，爬几道沟。发高烧和打寒噤的时候，孩子们也没停下来。一心想：找队伍去呀，找到队伍就好了！

这是冀中区的女孩子们，大的不过十五，小的才十三。她们在家乡的道路上行军，眼望着天边的北斗。她们看着初夏的小麦黄梢，看着中秋的高粱晒米。雁在她们的头顶往南飞去，不久又向北飞来。她们长大成人了。

小女孩子趴在船边，用两只小手淘着水玩。发烧的手浸在清凉的水里很舒服，她随手就舀了一把泼在脸上，那脸涂着厚厚的泥和汗。她痛痛快快地洗起来，连那短短的头发。大些的轻声吆喝她：

“看你，这时洗脸干什么？什么时候啊，还这么爱干净！”

小女孩子抬起头来，望一望老头子，笑着说：

“洗一洗就精神了！”

老头子说：

“不怕，洗一洗吧，多么俊的一个孩子呀！”

远远有一片阴惨的黄色的光，突然一转就转到她们的船上来。女孩子正在拧着水淋淋的头发，叫了一声。老头子说：

“不怕，小火轮上的探照灯，它照不见我们。”

他蹲下去，撑着船往北绕一绕。黄色的光仍然向四下里探照，一下照在水面上，一下又照到远处的树林里去了。

老头子小声说：

“不要说话，要过封锁线了！”

小船无声地，但是飞快地前进。当小船和那黑乎乎的小火轮站到一条横线上的时候，探照灯突然照向她们，不动了。两个女孩子的脸照得雪白，紧接着就扫射过一梭机枪。

老头子叫了一声“趴下”，一抽身就跳进水里去，踏着水用两手推着小船前进。大女孩子把小女孩子抱在怀里，倒在船底上，用身子遮盖了她。

子弹吱吱地在她们的船边钻到水里去，有的一见水就爆炸了。

大女孩子负了伤，虽说她没有叫一声也没有哼一声，可是胳膊没有了力量，再也搂不住那个小的，她翻了下去。那小的觉得有一股热热的东西流到自己脸上来，连忙爬起来，把大的抱在自己怀里，带着哭声向老头子喊：

“她挂花了！”

老头子没听见，拼命地往前推着船，还是柔和地说：

“不怕。他打不着我们！”

“她挂了花！”

“谁？”老头子的身体往上蹿了一蹿，随着，那小船很厉害地仄歪了一下。老头子觉得自己的手脚顿时失去了力量，他用手扒着船尾，跟着浮了几步，才又拼命地往前推了一把。

他们已经离苇塘很近。老头子爬到船上去，他觉得两只老眼有些昏花。可是他到底用篙拨开外面一层芦苇，找到了那窄窄的入口。

一钻进苇塘，他就放下篙，扶起那大女孩子的头。

大女孩子微微睁了一下眼，吃力地说：

“我不要紧。快把我们送进苇塘里去吧！”

老头子无力地坐下来，船停在那里。月亮落了，半夜以后的苇塘，有些飒飒的风响。老头子叹了一口气，停了半天才说：

“我不能送你们进去了。”

小女孩子睁大眼睛问：

“为什么呀？”

老头子直直地望着前面说：

“我没脸见人。”

小女孩子有些发急。在路上也遇见过这样的带路人，带到半路上就不愿带了，叫人为难。她像央告那老头子：

“老同志，你快把我们送进去吧，你看她流了这么多血，我们要找医生给她裹伤呀！”

老头子站起来，拾起篙，撑了一下。那小船转弯抹角钻入了苇塘的深处。

这时那受伤的才痛苦地哼哼起来。小女孩子安慰她，又好像是抱怨，一路上多么紧张，也没怎么样。谁知到了这里，反倒……一声一声像连珠箭，射穿老头子的心。他没法解释：大江大海过了多少，为什么这一次的任务，偏偏没有完成？自己没儿没女，这两个孩子多么叫人喜爱！自己平日夸下口，这一次带着挂花的人进去，怎么张嘴说话？这老脸呀！他叫着大菱说：

“他们打伤了你，流了这么多血，等明天我叫他们十个人流血！”

两个孩子全没有答言，老头子觉得受了轻视。他说：

“你们不信我的话，我也不和你们说。谁叫我丢人现眼，打牙跌嘴呢！可是，等到天明，你们看吧！”

小女孩子说：

“你这么大年纪了，还能打仗？”

老头子狠狠地说：

“为什么不能？我打他们不用枪，那不是我的本事。愿意看，明天来看吧！二菱，明天你跟我来看吧，有热闹哩！”

第二天，中午的时候，非常闷热。一轮红日当天，水面上浮着一层烟气。小火轮开得离苇塘远一些，鬼子们又偷偷地爬下来洗澡了。十几个鬼子在水里泅着，日本人的水式真不错。水淀里没有一个人影，只有一团白绸子样的水鸟，也躲开鬼子往北飞去，落到大荷叶下面歇凉去了。从荷花淀里却撑出一只小船来。一个干瘦的老头子，只穿一条破短裤，站在船尾巴上，有一篙没一篙地撑着，两只手却忙着剥那又肥又大的莲蓬，一个一个投进嘴里去。

他的船头上放着那样大的一捆莲蓬，是刚从荷花淀里摘下来的。不到白洋淀，哪里去吃这样新鲜的东西？来到白洋淀上几天了，鬼子们也还是望着荷花淀瞪眼。他们冲着那小船吆喝，叫他过来。

老头子向他们看了一眼，就又低下头去。还是有一篙没一篙地撑着船，剥着莲蓬。船却慢慢地冲着这里来了。

小船离鬼子还有一箭之地，好像老头子才看出洗澡的是鬼子，只一篙，小船溜溜转了一个圆圈，又回去了。鬼子们拍打着水追过去，老头子张皇失措，船却走不动，鬼子紧紧追上了他。

眼前是几根埋在水里的枯木桩子，日久天长，也许人们忘记这是为什么埋的了。这里的水却是镜子一样平，蓝天一般清，拉长的水草在水底轻轻地浮动。鬼子们追上来，看着就扒上了船。老头子又是一篙，小船旋风一样绕着鬼子们转，莲蓬的清香，在他们的鼻子尖上扫过。鬼子们像是玩着捉迷藏，乱转着身子，抓上抓下。

一个鬼子尖叫了一声，就蹲到水里去。他被什么东西狠狠咬了一口，是一只锋利的钩子穿透了他的大腿。别的鬼子吃惊地往四下里一散，每个人的腿肚子也就挂上了钩。他们挣扎着，想摆脱那毒蛇一样的钩子。那替女孩子报仇的钩子却全找到腿上来，有的两个，有的三个。鬼子们痛得鬼叫，可是再也不敢动弹了。

老头子把船一撑来到他们的身边，举起篙来砸着鬼子们的脑袋，像敲打顽固的老玉米一样。

他狠狠地敲打，向着苇塘望了一眼。在那里，鲜嫩的芦花，一片展开的紫色的丝绒，正在迎风飘洒。

在那苇塘的边缘，芦花下面，有一个女孩子，她用密密的苇叶遮掩着身子，看着这场英雄的行为。

阅读规划

茅盾先生曾这样评价孙犁的作品："孙犁的创作有一贯的风格，他的散文富于抒情味，他的小说好像不讲究篇章结构，然而决不枝蔓；他是用谈笑从容的态度来描摹风云变幻的，好处在于虽多风趣而不落轻佻。"

《白洋淀纪事》各篇之间关联不大，篇幅较为短小，但因时空久远，同学们读起来可能会有些"隔膜"，大家不妨采取"选读"的方式阅读该书。

《荷花淀》与《芦花荡》这对"姊妹篇"是其中最负盛名的作品，同学们已经在"精彩选篇"中进行了阅读。如果你被人们英勇抗击日本侵略者的情节所吸引，或者你被书中个性鲜明的人物形象所感动，那么你可以从目录中选择一些篇目阅读，比如：《山地回忆》《正月》《吴召儿》《"藏"》《碑》《丈夫》《山里的春天》《王香菊》等。

读完以上篇目，同学们就对该书的内容、语言风格等有了一个感性的认识，你可以再根据自己的"兴趣点"选择一些篇目进行阅读，并自己设计一些有助于理解文章内容的问题。比如：《游击区生活一星期》一文写了哪些人？他们经历了哪些事？作者为什么选择这一个星期来写？《嘱咐》一文中也有一个"水生"，他和《荷花淀》里的"水生"是同一个人吗？人物之间有没有联系？

读完这些文章后，同学们不妨把文中的一些有正能量、有哲理或是很有个性的句子标记出来或者摘抄下来。

请同学们按照上面的方法，用两三周的时间读完《白洋淀纪事》，并完成下面的表格：

《白洋淀纪事》读书卡

阅读时间	阅读时长	阅读篇目	提要摘记	阅读心迹 （可从文章主题、人物、语言、环境等方面呈现你的收获）

交流平台

任务一：孙犁笔下的芦花荡是美丽的，然而孙犁笔下的景物不单纯是一种点缀，而是蕴含了深远的寄寓在内的。在他的小说里，景物描写起到了点染环境气氛、烘托人物精神境界、加强抒情韵味的作用。因而，这些景物描写绝不是几颗游离的珍珠，而是作品内在气质的结晶体。请同学们找到文章中的几处环境描写，并互相交流，说说它们有什么具体作用。

任务二：作者没有写前线战争的惨烈，没有写血与火中的拼杀。他写了根据地人民的坚忍执着，苦难中人们生生不息的斗争，成功地塑造了以“水生嫂”为代表的农村妇女的群像。请以“白洋淀中的女性”为话题，讨论这些平凡而又伟大的女性的个性和共性。

敬　启

为编好这本书，我们与收入本书的作品（含图片）作者进行了广泛联系，得到了各位作者的大力支持。在此，我们表示衷心的感谢。但是，由于个别作者地址不详，虽经多方努力，仍无法取得联系。敬请各位有著作权的作者尽快与我们联系，以便我们支付稿酬，并致谢忱！

我们还要感谢使用本书的师生们。希望你们在使用本书的过程中，能够及时把意见和建议反馈给我们，对此，我们深表谢意，并将给予一定奖励。让我们携起手来，共同完成本书的建设工作。

联 系 人：梁老师　张老师

联系电话：010-58022100

联系邮箱：ztxx2008@sina.com

网　　址：http://www.ywztxx.com

地　　址：北京市海淀区知春路7号致真大厦A座18层

图书在版编目（CIP）数据

百味人生 / 刘颖异主编. — 上海 : 上海教育出版社, 2021.6

ISBN 978-7-5720-0815-3

Ⅰ.①百… Ⅱ.①刘… Ⅲ.①阅读课—初中—教学参考资料 Ⅳ.①G634.333

中国版本图书馆CIP数据核字（2021）第142047号

责任编辑　朱剑茂　顾　翊
封面设计　陈丽娟　王艺霖
著作权人　北京华樾教育科技有限公司

百味人生

刘颖异　主编

出版发行　上海教育出版社有限公司
官　　网　www.seph.com.cn
地　　址　上海市永福路 123 号
邮　　编　200031
印　　刷　阳谷毕升印务有限公司
开　　本　720×1010　1/16　印张 66
字　　数　900千字
版　　次　2021年8月第1版
印　　次　2021年8月第1次印刷
书　　号　ISBN 978-7-5720-0815-3/G·0631
定　　价　268.00元

如发现质量问题，请向本社调换　　电话 021-64377165